沖縄から伝えたいこと

戦争体験・教科書問題・国会議員の日々を顧みて

仲里利信

琉球新報社

はじめに

二〇一四年十一月、安倍政権は国民に消費税増税の先送りとアベノミクスの評価を問うとして、唐突に衆議院の解散を強行し、第四十七回衆議院議員選挙が実施されることとなった。沖縄第4区の選挙区においては、「オール沖縄」の候補者として、私が推挙されて選挙に臨むことになった。

しかし、私が衆議院選挙に出馬するに当たっては、直面する問題として三つあった。

第一点目の問題は、県議会議長を最後に政界から勇退していたことから、出馬要請自体が私にとって青天の霹靂《へきれき》であり、全く予想していなかったということであった。

第二点目の問題は、私が出馬するということは、かつて私が後援会長として二年半余に渡って朝から晩まで、文字通り一体となって第4区選挙区内の全ての地域を駆けずり回り、その結果、再選を果たすことができた西銘恒三郎さんとの対決を余儀なくされることであり、いわば師弟対決の闘いとならざるを得ないということであった。

第三点目の問題は、七十八歳という私の年齢であった。そのため、私自身はもちろんのこと、妻の美代子や家族、多くの友人からも戸惑いと強い反対があった。

しかし、沖縄の現状や将来を考えた場合、とりわけ保守・中道層から票が期待できる候補者が見当たらないという第4区の選挙区状況もあって、私の個人的な理由や考えで出馬を辞退することは到底許されないことであるとの考えに思い至り、出馬を決意した。

出馬を表明すると、早速、無謀な挑戦であるとか、老政治家の執念であるとか、様々な批判や中傷が飛び交った。あげくの果てには早々と当選は不可能だろうとの下馬評まで出る有様だった。恐らくこのような見方や考え方が一般的であったのだろう。

ところが、蓋を開けると、大方の予想に反して、選挙結果は私の圧勝であった。

その結果、私は七十八歳という前代未聞の年齢で初当選を果たし、衆議院議員として国政に臨むことになった。

その後、二〇一七年十月までの二年十カ月に渡り、「オール沖縄」の立場で、いかなる政党や会派にも所属しない無所属の議員として、沖縄の声を国会と全国津々浦々に伝える活動を続けてきた。

なお、衆議院選挙に臨むことになった発端や経緯、その後の経過等については、これまで全国各地を行脚し行った講演会や集会、二度の衆議院議員選挙で事細かに述べてきたことから、本書では割愛することとした、「青天の霹靂」であった衆議院選挙出馬により、「オール沖縄」の立場の国会議員として見聞きしたことや、様々な経験を後世に残し、今後の参考としてもらいたいとの思いから、この本を出版することとした。

とりわけ、安倍政権の非民主的な国会運営や物事の決定方法に対する強権的な姿勢等をつぶさに明らかにすることに腐心したつもりである。多少なりとも役立つことがあれば幸いである。

発刊に当たって様々なアドバイスを頂いた琉球新報社の出版部に対して紙面であるが感謝したい。

また、二人三脚で議員活動を支えてきた妻の美代子や長年に渡り議員活動を支援してくれた家族にも改めて感謝したい。

なお、この追録の構成を行うに際して、私の国会議員としての基本的な考え方や政治姿勢、質問主意書を多用した理由、政党や国会内会派に所属せずに無所属の立場を貫き通してきた理由と経緯をご理解いただくためには、私の生い立ちや戦争体験、さらにはそれらを基にした私の人生観や考えをご理解いただくことが必要であると考えた。

そのため、本書は、私の生い立ちや戦争体験、その後の議員活動、とりわけ中心となった教科書検定意見撤回闘争のための実行委員会委員長への就任を中心にした部分と、国政における政府の姿勢や考え、沖縄に対する取り組み等について質問主意書により明らかにした部分の二つで構成した。

後半の質問主意書の部分では、私の質問とそれに対する政府答弁を通じて、安倍政権や官僚が口を開けば「丁寧に説明する」とか、「沖縄に寄り添う」とか、「できることは全てやる」とかの説明が如何に欺瞞に満ちたものであるかを明らかにできたものと考えている。

ところで、私が敢えてこのような趣旨と内容で本書を作成したかであるが、私は現在の安倍政権に代表される自民党が我が国の議会制民主主義をないがしろにし、戦前回帰と戦争のできる国への転換を目論んでいるのではないかと強く危惧するからである。

かつて、私が自民党に所属していた時には、大東亜戦争を体験した方々や沖縄への深い反省と思い入れを持った重鎮らが数多くいた。また、自民党内では様々な派閥があって、それらの派閥が切磋琢磨して政策を競っていた。また議論を重ねることの重要性を認識し実践していた政治家が党内のオピニオンリーダーとなり、時々の政治課題や問題の解決の牽引役を担っていた。

そして、国民の様々な要求や提案に対して真摯に向き合い、その結果的確かつ柔軟に、また先取りする形で大胆に対処していた。そうであるからこそ、自民党は、長きに渡って国民の強い支持と共感を得られてきたものと評価している。

しかし、現在の自民党はかつての自民党ではなくなっている。全く別の政党となってしまった。現在の自民党は、安倍一強となっている。党内での議論は皆無となり、総理・総裁の意向を政治家と官僚が「忖度する」風潮が蔓延しているのではないだろうか。まことに嘆かわしい状況である。

なぜ、このような状況に陥ったのであろうか。私は、安倍政権が特定秘密保護法や安全保障関連法等国の基本を揺るがし、損なう問題で強行採決を繰り返しても、内閣支持率が一時的には下がってもしばらくすると回復し、あげくの果てには衆議院と参議院両院とも、与党が三分の二を占めるという成功体験を得たからではないかと考えている。

その結果、安倍政権と自民党は、もはや国民をなめ切って、丁寧に説明・対処しようとする考えと姿勢を捨て去っているのではないだろうか。

また、私の四期十六年に及んだ沖縄県議会での議員活動から得た「議会とはどうあるべきか」との経験と知識で国会を検証すると、「言論の府」であるべき国会が形骸化し、独裁者と化した安倍政権の思いどおり、言うとおりの国政となっているのではないだろうか。

議会とは本来、様々な経験と知識、選出されたそれぞれの地域事情を抱えた議員が自由闊達に意見を交わし、議論を積み重ねていく中で互いの違いを乗り越えて妥協点や一致点を見出していくものであると考える。

しかし、今の国会は、本会議はもちろんのこと、委員会においても自由に物が言えない、あるいは党首の顔色をうかがい、忖度する風潮がはびこっている。むしろ地方議会の方が「言論の府」と言えるのではないだろうか。

そのような安倍政権の姿勢を如実に示しているのが、本書で事細かに記した質問主意書であり、政府答弁である。

願わくは、この本で明らかにした内容を参考とされ、真の議会制民主主義とはどうあるべきなのか、政府が言う内容が実際とはどのように隔たりがあるのか、などを感じ取り、議論を重ねる糧の一助にしていただければ幸いである。

沖縄から伝えたいこと＊目次

第2部 政府の沖縄施策を糾《ただ》す質問主意書

第1部
わたしの戦争体験から「オール沖縄」の島ぐるみ闘争まで

第1章　わたしの戦争体験

戦争前の状況

私の生まれたところは南風原町というところです。那覇から東に向かって六キロメートルほどのところで、昔は畑が広がる農村でしたが、今では那覇市と変わらないほど都市化しております。

私の実家は、戦前、畑を三千坪余り所有し、サトウキビや野菜等を耕作していました。お手伝いさんもいて、私は子守役の乳母に育てられて、何一つ不自由のない生活を送っていました。

私の家族構成ですが、祖父、両親、兄、私、弟、妹、そして末の弟で、計八名でした。

しかし、戦争で祖父と父、末の弟を亡くしました。

ところで、私の父利吉は、近衛兵として召集されるという軍歴を持っていました。当時、宮《きゅう》城《じょう》を守るということが社会的に高く評価されていたことや、近衛兵が沖縄県内から僅か六名しか選抜されなかったことから、父は近衛兵であったことを誇りにしていました。

除隊後、父は南風原国民学校の教師となりました。校長は、翁長雄志県知事の父である助静氏（故人）でした。戦争間近に青年学級が開設されると、父と助静氏は共に青年学級で教鞭をとっていました。

また、父は銃剣術の県大会で優勝したことも誇りにしていました。ある日、私が父に「銃剣術が戦争で何の役に立つのか」と尋ねると、父は「鬼畜米英は、ヤギ目（青い目）をしているので十メートル先は見えない。したがって飛行機から落下傘で降りてきたところを竹やりで刺すのだ」と言うのです。

この話は父の本心だったかどうかは分かりません。しかし、父は戦時中、通信隊に配属されていたので、本当の戦局は分かっていたのではないのかと思いますが、家族には本当の事は言いませんでした。昭和十九年にはサイパンも陥落していましたが、大本営発表の「戦は勝っている」との嘘がまかり通っていた時代です。

私が通っていた学校は南風原国民学校で、私の家から約二百メートルのところにありました。戦争開始前の十月から、その学校は野戦病院として使用されていました。そのため、私たちの授業は各地域の公民館を使って行われていましたが、実際は授業どころではありませんでした。昭和十九年に「十・十の那覇大空襲」がありました。現在では想像もできないと思いますが、当時は南風原から那覇までの間には高い建物は全くなく、視界を遮るものがなかったため、南風原から那覇が見通せたのです。そのため、那覇港に接岸している船が空襲を受けてもうもうと煙を上げて燃えているのが、山手にあった私の叔父の壕からよく見えました。

国民学校を使用していた野戦病院にはいろんな人がいました。私の家はその野戦病院から川を隔てたところにありました。一度、野戦病院の患者さんが私の家に来て食事を切実に乞うので、可哀そうに思って食事を提供しました。さらに、もっともらえないかと改めて懇願し続けたので、イモが三分の二、コメが三分の一それぞれ入ったイモ入りご飯を飯盒《はんごう》に詰めてあげました。

しかし、やせ細って息も絶え絶えの状態の患者さんがようやく食料を手にして、喜んで私の家から出ていくとき、憲兵に捕まってしまいました。憲兵は見せしめのためでしょうか、公民館の前でその患者さんを棒で滅多打ちにしました。それは死にはしないかと思うぐらいひどい懲罰でした。我が子を兵隊に送り出していた近所のお母さん達は、自分の子ども達もこんな目に遭っているのではないかと思い、泣きながら見ていたことを覚えております。

野戦病院には、毎日のように亡くなった兵隊さん達が運ばれていました。便所脇に設置されていた三段式の寝台の上に遺体が置いてありました。国民学校の向かいには「黄金の森」という小高い山がありました。この森で松の木を切って棚を作り、その棚の上に死体を置いて火葬していたのを覚えています。火葬に付すときにはトランペットで『海ゆかば』が演奏されていました。一度そこへ行ったことがありましたが、まだ手が動いている人が火葬されているのを見かけました。もしかすると助かる可能性のある人でも軍の行動や食料・医薬品との関わりから、足手まといになる者として委細構わずそのような措置を施していたのかもしれません。今思い出しても身の毛がよだつようなやり方です。

終戦後に、その病院を中心とする、いわゆる〝ひめゆり部隊〟を描いた映画が製作されましたが、その映画の撮影場所が私の生まれた家のすぐ目の前のところでした。映画はとても素晴らしいものでしたが、凄惨な光景を目の当たりにした者にとっては不十分な内容であると言わざるを得ません。

日本軍は飛行場を作るため、民有地を強制的に接収しました。そして、出来上がるまで住民は労働奉仕を強制されました。完成後の飛行場に置いてあったのは茅でつくられた飛行機でした。つまり、それらを並べて飛行機に見せ掛けていたのです。これがあの当時の日本軍の実際の姿だったのです。鉄砲どころか何もない、ないない尽くしの中で竹やりや茅の飛行機という、およそ武器にならないもので米軍と対峙していたのです。

ところで戦争前まで、私たちは、戦争はそんなに怖いもの、悲惨なものとは思っていませんでした。今にして思えば、まことに無知でしたが、それは正に国民に真実を伝えず、知らしめないという為政者の政策や教育によるところが大きかったのです。そのため、日本軍が米軍に負けるということは微塵も考えていませんし、疑うことすらなかったのでした。

しかし、さすがに危機感を抱いていた為政者は、国民に真実を知らさないままに、とりあえず子ども達の身の安全を図らなければならないとの思いからでしょうか、それとも戦争遂行のための軍の食料確保のため口減らしを図らなければならなかったのでしょうか、「高等二年までの子ども達十万人を九州と台湾に疎開をさせる」という計画を立てて、役場からの通達で実施することにしたのです。

私たちの南風原の子ども達も近隣の二地域の子ども達と一緒に九州に疎開することになりまし

た。南風原の子ども達が乗った貨物船は古い船でしたが、米軍の潜水艦や空襲による撃沈を免れて無事疎開地にたどり着くことができました。一方、那覇地域に割り当てられた対馬丸は、新造船で船足も早かったため、安全かと思われていましたが、潜水艦の魚雷で撃沈されてしまいました。

戦中の状況

戦争中、昭和二十年の二月頃でしたが、私たち一家は、父の助言を受けて急遽北部地域に疎開することになりました。しかし、祖父は「自分はもういいよ」と言って自宅から動こうとしません。止む無く、祖父に当座の食料を渡して母と子ども達、叔母ら合計九名で南風原から北部の宜野座というところに疎開をしました。そこの家の主人は防衛隊に召集されていて奥さんが一人で住んでいましたので、私の家族と叔母の家族がお世話になりました。

疎開後、南風原に戻る用事ができたため、ついでに自宅に残った祖父の安否を確認するため自宅を訪ねると、庭の片隅にすっかりやせ細った祖父がぽつんと一人で座っていました。どうしたのかと聞くと、カーミーいっぱいに蓄えていたスーチカー（塩漬けの豚肉）やイモ等の食料を兵隊にすべて奪われ、自分はカンダバー（サツマイモの葉）や雑草を食べて飢えを凌いでいたと言うのです。そして自宅も兵舎として使用するとのことで追い出され、行き場がないため庭先にいたのだと言うのです。やり場のない怒りを覚えましたが、なす術がありません。せめて祖父を助けるため疎開先に連れて行こうとしましたが、祖父はやはりそこから動こうとしません。後ろ髪をひかれる思いで祖父を残して疎開先に戻りましたが、あれが祖父との別れとなりました。

四月になると、海一面に米軍の軍艦がずらりと並ぶ光景が日常となりました。そして、その米軍の軍艦から昼夜のべつなく陸に向かって、そして民家や病院であろうと無差別に艦砲射撃が打ち込まれるようになりました。

砲弾のヒューヒューという音がするときは安心です。どこに向かって飛んでいるかが分かるからです。しかし、音がしないときは着弾の予想ができないため怖くてたまりませんでした。昼は民家が標的になるためガマ（壕）に隠れ、夜は投宿先に帰るという生活を繰り返しておりました。

ある日、私たちが潜んでいるガマに銃剣を持った三名の兵隊がいきなり入ってきて、承諾を得ないまま居座り続けました。そして、ガマの中が暗いため怖くて泣き止まない私の三歳になる妹と従妹の女の子に対して、その兵隊たちは毒入りのおむすびを取り出して「これを食べさせなさい」と言うのです。二人を殺せというわけです。

私たち家族は相談して、「死ぬときはみんな一緒だ。この子たちだけを殺すわけにはいかない」ということになり、私たち家族はそのガマを出ることにしました。

日本兵に追い出される形で、そのガマを出て家族が隠れることができる新たなガマを探し求めて歩きました。その途中で、突然グラマン戦闘機が目の前に現れたのです。コックピットに居てゴーグルを着けた操縦士がはっきりと見えました。けれども私たちが女や子どもばかりだったからでしょうか、そのグラマンは機関銃を撃ってきませんでした。その時、いつやられるかわからないという恐怖感がありましたが、〝鬼畜米英〟と言われてはいるが、そんなに悪い人たちではないのだなということを後になって思うようになりました。

隠れる場所を探していると、古い石積みの墓がようやく見つかり、その墓の中に隠れました。中には大きいムカデが何匹もいて、『これに刺されると命はないよ』と祖母が言っていました。ハブの毒と同じぐらい危険だというので、みんな縮こまって動かないようにしていました。

私と母は新たな壕を作らなければいけないと思い、毎日宜野座の山に出かけて、私が弟をおんぶして母と一緒に壕を掘りました。ようやく掘り終わってから、明日は家族を呼び寄せようと思って山を下りました。すると途中で顔や腹をパンパンに腫らした状態の日本の兵隊が何人も倒れていたのです。それまでは米軍が上陸していることを知らなかったのです。私と母は、すでに米軍が上陸しているのではと思い、緊張しました。私は相変わらず弟をおんぶしながら生活用具を棒で担いで歩いていました。突然、母が『向こうに兵隊がいるのが見えるが、脚絆（ゲートル）をしているか？』と聞きました。よく見ると、脚絆をしていないのです（日本軍は脚絆をつけているが、米軍はつけていない）。それでびっくりして担いでいた生活用具を投げ捨てて一目散に山に逃げました。その時に家族と離れ離れになってしまったのです。

ようやく安全な所まで逃げ出して一息ついた後、周りを見渡すと、母と私、おんぶしていた弟の三人だけになっていました。必死になって残りの兄弟や叔母らを探しましたが見つけることができません。いろんな人からの情報で、ようやく私たちの家族は東海岸の宜野座から反対側の西海岸側の恩納村へ行ったことがわかりました。

山の中を歩いて西の方に行ったら、ライトが煌々と照った基地のところに出ました。これは日本軍の基地ではないと判断し、東海岸側に引き返している途中、家族は辺野古の久志へ行ったという情報が得られました。そのため、また山の中を歩いて久志へ向かいました。

ところが南部の人たちは金武へ向かったという情報が得られたため、今度は金武に向かいました。その間食べ物は何もありません。小川の水を飲むだけでした。三～四日かけてようやく金武にたどり着きました。幸いそこに家族がいたため、無事合流できました。しかし、私がおぶっていた弟は栄養失調のため、合流の四～五日後の満一歳の誕生日に亡くなったのです。

家族と合流できた金武では、戦災を免れた民家で身を寄せ合って生きていくのに必死の毎日でした。その民家は米軍が戦場や山の中をさまよい逃げ回っている住民を発見次第に送り込んでいた収容所の一つでした。古びた一軒家でしたが、常時、四、五十世帯の住民が避難民として収容されていましたから、手足を伸ばして寝る場所がありませんでした。

また、食事も米軍から支給されるビスケットが一人一日当たり一枚程度しかなかったため、常にひもじい思いをしていました。そのため、やむなく海水を汲んできて、野原に生えて、雨上がりの朝だけに採ることができる「モーアーサ」をその海水に入れておつゆ代わりにして空腹を凌いでいましたが、本当はとても苦くて食べられるものではありませんでした。

ある朝、兄と一緒に「モーアーサ」を採りに小高い丘に行った時、金武の海岸近くに設置されていた米軍基地から、けたたましいサイレンが聞こえてきました。すると、米軍の兵隊が一斉に避難する光景が見られます。しばらくすると上空に米軍のマークである星印を付けたグラマン戦闘機が三機現れました。どうやら日本軍が偽装したグラマン戦闘機を使った特攻機のようです。三機のうち二機は海上の軍艦を狙いましたが、一機は猛烈な対空砲火のため特攻に失敗して炎上し、もう一機は狙い通り軍艦への特攻に成功しました。すると、残りの一機は進路を変更して、軍港に接岸している貨物船に目標を定め直しました。しかし、その貨物船には私の母を始め、多くの民間人が荷役作業のため、駆り出されていたのです。特攻機は狙いを定めた貨物船にぐんぐんと近づいていきます。最早母の命もこれまでだと思った瞬間に、なぜか特攻機は突如方向を転換し、海岸に不時着しました。母たち民間人はかろうじて九死に一生を得たわけですが、米軍は何事もなかったかのように、間髪を入れずに救命ボートや救急車を繰り出して救援や後始末を行っていたことを覚えています。

私たち家族と叔母らが収容所生活を送っていた金武には、「金武ウカー」があり、そこは地域の住民や県民の拝所（ウガンジュ）であるとともに、豊富な水が得られる泉であったため、住民にとって重要な場所でした。しかし、南部地域での戦況の悪化に伴い、南部地域で捕虜となった日本兵や、軍と行動を共にしていた住民、負傷者、あてもなく山の中をさまよい逃げ回っていた住民が捕虜となって、トラックや船で米軍が指定した中北部の収容所に続々と運ばれるようになりました。私たちの収容所であった金武の一軒家も例外ではなく、次々に新たな住民が収容される有様でした。

そのため、私たち家族ら九名は宜野座村漢那に移るよう米軍から命令されました。

漢那に向かう途中、米軍の兵隊が運転する大型トラックに遭遇しました。私たちが女や子どもだけだったせいか、米軍の兵隊はトラックの中から缶詰が入った箱を私たちに投げてきたのです。もちろん私たちは毒が入っているのではないかと思い、警戒して見向きもせずに、大急ぎで逃げ去ろうとしました。すると、米兵はトラックを止めて、自ら缶を開け、口に入れて安全な食べ物であることをアピールしました。それを見て、ようやく私たちは安心し、即座に缶詰を拾い集めて、貴重な食料としました。

第2章　戦後の歩み

戦後の状況（暮らし）

戦争がようやく終わりました。しかし、私たち家族らは相も変わらずに、周囲を有刺鉄線で囲まれ、かろうじて残った古民家や並びたてられた米軍のテントを利用した捕虜収容所での生活が続いていました。そうこうするうちに極度の栄養失調と衛生状態の悪化、見知らぬ大勢の人たちとの収容所生活により私はマラリアに罹り、四〇度を超す発熱と激しい悪寒に三日間襲われました。幸い九死に一生を得ました。

戦後の生活は本当にないない尽くしでした。県民が等しく感じていたことだと思いますが、本当に辛くて大変な生活でした。

一番可哀そうだったのは、学童疎開から家に帰ってみると、家族が全滅していて、住むところもなく、親戚の家に預けられた子ども達です。

私自身もそうでしたが、父親や両親を失った子ども達は、幼いのにも関わらず生きていくために大人並みの仕事をしなければならなかったのです。本当に戦争は絶対にさせてはいけない、してはいけないとつくづく思いました。

当時、食用の油がありませんでした。そのため、米軍の自動車用のオイル＝モービルを使って、配給されたメリケン粉（小麦粉）で〝てんぷら〟を作ったりもしました。オイルは体内では消化されませんから、そのまま排出されます。そのため、必ず学校で下痢を繰り返すのです。また、あるおばあさんは田んぼにいるカニをとってきて食べたために、鼻や口から泡を吹いて死んでしまいました。ソテツを生のまま食べて死ぬ人もいました。ソテツは乾燥させないと猛毒なのです。カンダバー（サツマイモの葉）を他人の畑から勝手にとったということで投獄された人もいました。

このような食糧不足の時代でもかろうじて私たち家族らや避難民が生きていくことができたのは、米軍の残飯が得られたからでした。当時、恩納村にあった米軍基地の傍にゴミ捨て場があり、そこに米軍が残飯をドラム缶に入れてトラックに積んで捨てていたのです。私たちは朝四時ごろに漢那の捕虜収容場を出て徒歩で恩納の米軍基地傍のゴミ捨て場に行き、捨てられた米軍の残飯をあさって、飢えを凌いでいました。そして、家族の分として袋やポケットに詰め込んで持って帰るという生活をしていました。

金武に約一カ月、漢那に数カ月いました。漢那に居る間に、防衛隊員として現地徴兵されていた母方の叔父が南部の戦闘地域で米軍の捕虜となり、米軍の艦船で嘉陽に連行されて捕虜収容所に収容されました。その後、叔父は、私達が漢那に居ると人伝に聞き、私達と合流するため漢那に来ました。そして、ようやく私達と合流しました。米軍が南部から中北部の収容所に住民や兵隊を移動・収容させていたための思わぬ再会でしたが、それまで女と子ども達だけで男手に不自由していたため、非常に心強く感じたものです。

その後、米軍は中北部に収容していた住民を軍政下のそれぞれの村に順次戻し始めました。私たち家族らも米軍の命令により、島尻地域の出身ということで、大里村の大城や与那原町の大見武等に移住させられました。本当に各地を転々とさせられました。

その間の学校はといえば、南風原と与那原の合同の学校が開設されてはいたものの、教室や教科書、黒板、鉛筆もなく、また自己申告の代用教員上がりの先生がかろうじて配置されているだけでした。いわば本当の青空教室です。そのため、集団で遊ばせることができる騎馬戦だけを毎日させられていたのです。

昭和二十一年の四月ごろ、ようやく故郷、南風原に帰りました。故郷の家は四十五坪の瓦葺きの木造住宅でしたが、家は木っ端みじんに吹き飛ばされていました。家に留まっていた祖父の遺骨も見つけることができない有様でした。二百坪の家の敷地には艦砲が七発撃ちこまれていて、大きな穴が出来ていました。幸い水を入れる大きなタンクが残っていたため、しばらくはそこにテントを張って寝泊まりしていました。

その後、米軍から支給された「２×４（ツーバイフォー）工法で組み立てることができる木材（あらかじめ均一サイズに切り揃えられた角材と合板）」が地域ごとの抽選で運よく当選し得られたため、木造の家を造って暮らしました。当時は家屋の再建要望が多かったのに対して、米軍から支給される資材が限られていたため、地域毎の抽選とならざるを得なかったのです。そして、抽選に漏れた住民はやむなく米軍から払い下げられたテントを住居とせざるを得なかったのです。だから、木材を使った「本建築」と称される家を造った住民は周囲から羨ましがられていました。

しかし、屋根は従来の茅葺であったため、台風や梅雨時の大雨に弱かったのです。また、2×4（ツーバイフォー）工法の木材で造った家は誰でも簡単に作れるというメリットがありましたが、台風等の横風にもろかったため、台風の度につっかえ棒で支えなければならなかったのです。やはり大変な思いをしなければならないことは変わりありませんでした。

高校・大学入学から卒業まで

南風原中学校を卒業して、知念高校に進学することになりました。南風原村兼城の自宅から知念高校のある与那原村までは直線距離にすると四キロメートルですが、当時は舗装された道はもちろんありません。険しい山道や石ころだらけの農道をはだしで通学していました。学校近くの井戸がある所で懐に入れていた下駄に履き替え、学校が終わるとまた下駄を脱ぎ、はだしで帰宅する日々でした。弁当も毎日芋だけでした。まさに芋・はだしの生活でした。

学校から帰ると、直ぐに畑仕事でした。父が戦死したために働き手は子ども達が負わざるを得なかったのです。家計を支えるため毎日毎日、学校と畑を往復する生活でした。しかし、戦争で家族を失った家庭では普通のことでしたから、当然のこととしてやっていました。できた野菜を那覇市の与儀にあった市場に徒歩で朝早く持っていき、相対で売りさばき、その代金でお土産のお菓子を持ち帰る楽しみを覚えるなど、辛い生活の中に楽しみを見出すこともありました。

高校を終えて、進学するか、それとも農業をして家計を支えるか選択をしなければいけないことになりました。兄が琉球大学の教職課程に進学していたこともあって、私も大学への進学を希望しました。

父を亡くし、兄一人の学費の捻出で経済的に余裕がなくなっていた家庭の事情から、母は私に進学をあきらめて、給料が良い軍作業員となって家計を支えてほしいと懇願しました。

しかし、私はどうしても進学をあきらめることができません。幾度となく母に頼み込み、そして二人で話し合う中でとうとう根負けした母は、自分で学費をねん出すること、その当時自給自足を送る生活の中で家族四人がかろうじて生きていくことができる生活費の目安として考えられていた千円（B円）を家計に入れること、畑仕事をきちんとこなすこと、家を再建築することなどの約束を果たすならば、進学を認めると言ってくれたため、ようやく私も進学することが出来ました。

大学入学試験の日に、私は琉球大学の施設課に行って「合格したら、アルバイトをさせてほしい」と頼み込みました。

そうすると、施設課の担当者はあきれ返り、「合格していない者が早速アルバイト探しをすることは前代未聞だ。入学してから来い」と門前払いされました。

入学の日から母との約束を果たすため、早速アルバイトと農業を始めました。港の沖仲仕や大学の修繕業務の請負等肉体労働が主でした。今思えば、入学から卒業までの四カ年間は本当にアルバイトと農業に明け暮れる日々でした。学業が本分なのか、アルバイトと農作業が本職なのか、わからないぐらいでしたが、学業は、幸い友人に恵まれたこともあって、ノートを借りて一夜漬けならぬ短時間での丸暗記で何とかしのいでいました。不思議と赤点や単位保留にならず、むしろ優が多かったと記憶しています。

あれは教育原理でしたが、大学に行き、芝生で休憩していると、学友が教室から一斉に出てきました。この時間に授業はないはずだと思い、尋ねると教育原理の試験だったと言うのです。びっくりして教授の部屋に行き、時間を間違えてしまったと謝った上で、何とか試験を受けさせてくれないかと頼み込みました。教授は最初かんかんに怒っていましたが、余りにも私が平身低頭で謝り続けるものですから、とうとう根負けしたのでしょうね。最後には試験を受けさせてくれることになりました。急いで友人から問題を聞いた上で、必要な部分のノートを借りて丸暗記しました。これで大丈夫と試験に臨んだところ、問題が先ほど皆が受けた問題と違います。先生に異議を申し出ると、一蹴されてしまいました。しょうがなく、そのまま答案を仕上げて提出しました。余り褒められた話ではありませんが、そのときも優の成績が得られたため、教授やノートを借りた友人からあきれかえられるやら感心されるやらしたことを覚えています。

一方、アルバイトや農作業、学業の傍ら、大学生活も楽しみました。空手部を創設してキャプテンに収まり、その当時主流であった剛柔流や松林流、小林流と琉大の空手部が一緒になって空手大会を開催したり、段位の審査を行ったりしていました。サトウキビの収穫や沖仲仕での重量物の運搬等で体を鍛えていたせいもあって剛柔流の四段を得ましたが、飲み屋街を下駄で闊歩するなど、血気盛んな一面もあった大学生活でした。

文武両立と言ったら、ノートを貸してくれたり、カリキュラムの情報を適宜教えてくれたりした友人たち、あきれ返りながら試験を受けさせてくれた教授からお叱りを受けそうです。

就職、結婚、企業経営

大学を卒業していよいよ就職することになりました。最初、福岡県所在のサロンパス会社から内定をもらいましたが、幼い弟と妹の養育や家屋の再建築の問題から母が猛反対しました。そのため、再度就職先を探し、沖縄に工場を設けていた月星ゴムに就職することになりました。

当時の月星ゴムは、浦添市整理客に日産四千五百足の運動靴の生産量を持ち、五百三十名の従業員を抱える大企業でした。私は、製造部の新入社員として入社しましたが、大学四年生の卒業前の一月から三月までの間、試用期間として沖縄月星ゴムで働いたときに高い評価をいただいたことや、沖縄月星の初の大卒入社であったことから、いきなり主任として処遇され、主に製造工程を担当していました。ある日、製品の品質向上と生産量増大を提案したところ、上司から「そのような提案は到底実現できない」と言われ、当時私も血気盛んな時代でしたから、売り言葉に買い言葉の勢いで「実現できたら、一足飛びに課長に昇任させてくれるか」と向こう見ずな提案をしました。大勢の前でのやり取りでしたから、上司も恐らく引けなかったのでしょうね。「出来るならやってみろ」と言うものですから、やってみたら計画通り改善できました。

かくして大学卒業後わずか二年足らずで部下四百三十名を抱える製造部の課長に就任するというサラリーマン生活でしたが、必ずしも良いことだけではありませんでした。なぜならば役職は付いても給料はさほど上がらなかったからです。それにもかかわらず、若い従業員が多い職場だったため、結婚披露宴への招待と挨拶の依頼がひっきりなしに飛び込んできました。もちろんのことですが、ご祝儀を省くわけにはいきません。また、披露宴後の二次会にも上司として参加しなければなりません。さらに業務終了後に疲れなおしと称して一杯やるお誘いもひっきりなしでした。当然上司として多めに負担金を拠出したり、奢ったりしなければならないといったことが多くなりました。そのため、生活は一向に楽になりませんでした。

入社当初、生来の正義感から労働組合を結成して委員長に推され、会社に職場環境の改善を求めるなどしました。正に破天荒なサラリーマンだったと、いまになれば思います。

月星ゴムでのサラリーマン生活で最も画期的なことは素晴らしい人生の伴侶を得たことです。妻の美代子は当時月星ゴムに入社して総務課に勤務していました。きっかけは私が総務課に業務上のやり取りで出入りしているうちに見染めて交際を始めたのです。当時自動車は高額で買えないので中古のバイクを購入してドライブを重ねました。その後は交際を順調に続け、福岡県にあった月星ゴム本社での一カ年間研修終了後に結婚しました。新婚旅行は鹿児島から東京まで各駅停車の列車に乗車し、一カ月間かけて気の向くままに観光するというのんびりとした旅行を楽しむことができました。結婚以来、これまで二人三脚で歩んできたわけです。幸い三男一女の子宝にも恵まれ、十一人の孫を授かることもできました。

また、地域活動への取り組みとして、青年期には、活動が低迷していた南風原地域の青年団活動を立て直して活発化させるため、会の名称を「青年会」から「青年団協議会」に名称を改めるとともに、選挙制度を導入して会長候補者の意識改革を図るようにしました。また、会員相互の親睦を図るため、各字対抗の野球大会や駅伝競走、社交ダンス講習会等を開催しました。さらに、壮年期には、兼城地区の住民として、南風原町兼城の伝統的な郷土芸能の一つである組踊『国吉のひゃ』を復活・継承させるため、古老からの聞き取りを行うとともに、主役として舞台を仕切りました。

さらに、琉球大学の化学の非常勤講師として、サラリーマン生活の傍ら後輩たちの指導を行っていました。

そうこうするうちに、海外で安価なゴム製品が生産されるようになったため、月星ゴム本社（福岡在）は沖縄の工場を閉鎖して機械を東南アジアに持っていくため、沖縄から撤退することを決めました。もともと月星ゴムが沖縄に進出した理由は、朝鮮戦争の特需で本土が好景気になり、高い人件費と人手不足に悩まされていたこと、沖縄には比較低賃金で雇える若年の労働者が多かったこと、韓国や台湾は政情が不安定であり、生産がストップされる不安が尽きなかったこと、などでした。

しかし、沖縄に実際に進出してみると、沖縄でも本土の好景気の影響を受け、労働者の待遇改善や賃金の見直しを求める意識改革が進み、労使が対立して生産がストップするという事態が頻発するようになりました。そのため、生産コストを下げるためには東南アジアの安い人件費と低率の関税措置が有利であると判断し、沖縄に固執する必要性がなくなったからです。

私も内地に異動を求められましたが、やはり生活の拠点を沖縄から動かすことには抵抗がありました。

また、沖縄からゴム工場が撤退することによって、県内の多くの企業が使う工業用ゴム製品が供給できなくなったり、注文から納品まで多くの時間を要してようやく手に入ることになったりする事態が懸念されました。そのため、危機感を抱いた企業から私に打開策を講じる手立てはないか、何とか工業用ゴム製品の生産を続けられないかとの問い合わせや要望が相次ぎました。

そのため、私は、全国から中古のゴム加工機械や新品の全自動ボイラー等を買い付けて設備を整えるとともに、私の地元である南風原町に工場用地を取得した上で、那覇ゴム工業を設立して、工業用ゴム製品や島ぞうり（ビーチサンダル）、地下タビの製造を自ら行うことにしました。

もともと工業用ゴム製品は沖縄県内の企業からの要望があって生産を始めたのですから、販売に不安はありませんでした。しかし、工業用ゴム製品だけでは工場の生産と企業としての経営は成り立ちません。幸い月星ゴムの販売先の知識で、島ぞうりと地下タビが沖縄県内や本土に売れることがわかっていましたから、工業用ゴム製品と併せて島ぞうりと地下タビも生産することにしました。

ところが島ぞうりと地下タビを沖縄で販売したり、沖縄から本土に輸出して販売するためには本土や外国産の低価格の品物との競争を余儀なくされました。本来ならば価格競争では負ける気はしなかったのですが、実は、本土から沖縄に輸入される物品に対する関税と、沖縄産の物品を本土に輸出する際の関税について不公平な問題があったため、到底太刀打ちできなかったのです。

というのは、当時、本土から沖縄に輸入される物品には関税が全く課せられないのに対して、沖縄から本土に輸出される物品に対しては、くず鉄や砂糖等一部の品目を除いた全ての物品に二五％の関税が課せられるという不公平な状況が続いていました。那覇ゴム工業は県内・本土向けに島ぞうりを多く生産・販売していましたから、これでは全く勝負になりません。

そのため、当時、私は工業連合会の理事を務めていましたが、那覇ゴム工業を経営する者として、一人で琉球立法院の内政委員会に不公平な課税のあり方を見直しするよう、陳情を繰り返しました。そして、ようやく本土から沖縄に輸入される島ぞうりについては、無関税から輸出と同一の二五％の関税にすることができました。これでようやく同一の土俵に立って勝負ができるようになったのです。

もう一つの太刀打ちできない理由は、前述したように、沖縄から本土に輸出される物品に対して、くず鉄や砂糖等一部の品目を除いた全ての物品に二五％もの高い関税が課せられていたことでした。そのため、地下タビの本土への輸出・販売がなかなかうまくいかなかったのです。

島ぞうりの時は沖縄に入ってくる物品と勝負するため、沖縄での関税の決定権を持つ立法院に関税をかけてもらったわけですが、今度は逆に、沖縄から本土に輸出する際の関税を日本政府に撤廃してもらわなければ勝負できないと考えたのです。

そのため、私はまたしても一人で陳情を行うことにしました。しかし、今度は生まれ育ったが故に比較的やり易い感のあった立法院や琉球政府ではありません。全く見ず知らずの東京の大蔵省や通産省（当時）が相手です。今思い出すと、全く無謀な取り組みだったと思いますが、当時は怖いもの知らずというか、無鉄砲というか、おそらく何も考えていなかったのでしょうね。

約束も取り付けずに沖縄から東京に行き、いきなり大蔵省や通産省の担当者に陳情・説明を行い、らちが明かないとみると、対応を求める役職のレベルを一方的に上げながら粘り強く折衝を繰り返していきました。そうこうするうちに、相手も沖縄の本土復帰を目前に控え、税制や関税等の諸制度を同一にしなければならないということもあってか、地下タビを始めその他不公平な関税を受けていた物品に対して、免税扱い品目を拡大してその中に含めるという政策変更を示してくれたのです。

これでようやく太刀打ちできると喜び勇んで沖縄に戻ると、思わぬ感謝の電話をもらいました。当時、南風原で学生服を作って本土に輸出していた企業の社長さんからの電話でしたが、この会社も高い輸出関税に悩み、見直しを求めるため、会社内に専従の職員を配置して陳情を繰り返していたとのことでした。しかし、何年かけても一向に見直しへの糸口が見いだせなかったため、途方に暮れていたとのことでした。そして、今回の私の折衝のおかげで学生服も免税扱い品目に追加されたと言うのです。本当に予期しない波及効果でした。

地下タビと島ぞうりに関する輸出入時の不公平な関税の見直しとは、話が前後するわけですが、この関税の見直しとは関係なく、新たに設立した那覇ゴム工業は、発足直後に全国農業協同組合購買連合会（全購連）との間で地下タビを年間百三十万足製造・販売する契約を締結することができたため、工場も新たに増設するなどして、順調に業績を伸ばしていきました。

しかし、日本とカナダの貿易協定が変更され、カナダから日本への農畜産物の輸入に対する関税は低率であったが、日本からカナダへの履物やゴム製品に対する輸出関税がそれまで共産圏並みに二五％課税されていたことから、不均衡であるとの批判や改善要望等が相次ぎ、これを受けて、一気に一五％に見直されました。これに伴い、沖縄で地下タビや島ぞうりを低価格で生産するメリットが薄らぎ、本土でも作れるようになったのです。その結果、沖縄での地下タビの生産・輸出ができなくなるという思わぬアクシデントに見舞われました。

そのため、私は沖縄県内での生産・販売、本土への輸出等を断念しました。そして、提携先や機械の販売先を探している中で、沖縄月星ゴムの工場閉鎖と機械の移転時のノウハウを活用して、提携・販売先を国内だけではなく、広く外国にも求めました。その結果、華僑の実業家と知り合い、交渉の結果、フィリピンで島ぞうりを生産して沖縄で販売することになりました。そして、私の機械をフィリピンのダバオ島に持参して現物出資として、華僑、地元大企業及び私の三者から成る共同企業を設立することになりました。私が機器の提供と設置、稼働を担当し、華僑が販路や運営資金の捻出を担当し、地元大企業が政府との折衝等を担当するわけです。英語も出来ない、地元に知り合いもいない、設置に必要な精密機械や技術者もいない、というないない尽くしの中での初めての海外生活です。本当に無鉄砲な取り組みでした。

今思えば若かったからこそ出来たことだと思います。バケツに水を入れて自作で水準器を造り、精密機械を設置するなど、文字通り創意工夫を凝らしながら二十四時間一心不乱に働きました。そのかいもあって、何とか工場は順調に生産と販売を伸ばすことが出来るようになりました。おかげで遠く離れたフィリピンから沖縄に居る家族への送金も滞りなく出来るようになり、一息つくことが出来ました。

しかし、またしてもトラブルが発生しました。日本から東南アジアへの買春観光問題に端を発した対日感情の悪化から日本からの経済投資と交流に厳しい制限が課せられるようになり、また日本人の身の安全も脅かされるようになってきました。私自身がタクシー運転手に拉致されてあわやの目に遭ったことがありましたし、職員が売掛金の回収に赴いた際に拳銃を突き付けられたこともありました。そのため、身の安全を考えて、現物出資の分を放棄して共同企業から脱退し、沖縄に戻ることにしました。

ところが、沖縄に戻ると、那覇ゴム工業を解散する際、負債を解消するためにやむなく売却した会社用地への評価に対して、税務署から指摘を受けて追徴が課せられました。

このため、沖縄に引き揚げても多額の負債を抱えることになり、先祖伝来の土地を切り売りしてもらちが明かず、展望が全く見通せないという不遇な時期が続きました。しかし、捨てる神あれば拾う神ありのことわざ通り、神戸在の友人の紹介で、沖縄月星ゴムや那覇ゴム工業で培った需要先や販売網、ノウハウを活かして、本土で生産して沖縄に移入される島ぞうりの沖縄販売代理店を引き受けることになり、経済的に大きな支えとなりました。

政治の世界へ

その後、建設会社の那覇支店長、物品販売の営業等様々な職業に携わりました。その間は全く政治活動と無縁でした。

政治活動とかかわりが出来たのは、南風原町長選挙への出馬がきっかけでした。

南風原町では津嘉山や神里等他五地域を「下村《シチャムラ》」と呼び、私の兼城や宮平等六地域を「上村《イイムラ》」と呼んでおります。下村域は有権者が南風原町全体の三分の二と最も多いことから、この地域から出た候補者が当選することが多く、「上村」から出た候補者が当選することは至難の業だったのです。また、地域の推薦を受けることができない者は候補者にすらなれない状況でした。だから南風原町においては、町長選挙は保守、革新というイデオロギーの問題もありましたが、地域代表という要素もあったのです。

ある日、兼城自治会の会長が私を訪ね、「次の町長選挙にはぜひともあなたを出したい。これは自治会の総意だ」と言うのです。「下村はどうか」と聞くと、「下村から出ている現在の町長の評判が余りにも悪いので、下村は次回の町長選挙に現職を推薦しないとのことだ」とも言うのです。しかし、自治会長からの話は一月初めで、町長選挙は四月に迫っており、実質的に選挙運動期間は四カ月を切っていました。おまけに私は養父の死去で三月初めまで喪に服さなければならないため、十分な選挙運動を行うことができません。

躊躇する私に対して、自治会長は「自分たちが全面協力するから何とか引き受けてくれ」と強引に押し付けました。やむなく保守という立場で出馬したわけですが、やはり、十分な選挙運動ができませんでした。

また、当時、南風原町の有権者は革新系が七割、保守系が三割で、文字通り革新王国でした。そのような中で再選を目指した革新系の候補者に保守系の、しかも新人の私が挑戦するということが如何に無謀であったかは自明のことでした。

結果、やはり落選しました。

しかし、自治会長や他の支援者たちは「一カ月足らずというあのような短期間の選挙運動にもかかわらず、これだけの差しか出なかったのだから、次回は大丈夫だ」と意気込んでいました。結局、四年後に満を持して再出馬せざるを得ませんでした。しかし、今度は下村の他の地域から保守系の町会議員が自治会の説得を振り切って勝手に出馬するという予想外の事態が生じたのです。しかも自民党の公認を受けていたのです。私は再出馬にあたって、保守系の候補者として事前に自民党の推薦を得るとの了解を得ていたわけですが、それを反故にされるとともに、町内の保守系議員の離反まで受ける羽目になりました。結局、私がそのあおりを受けて落選しました。

ところで、落選したため、仕事が全くありませんでした。途方に暮れているときに大城真順参議院議員から後援会の事務局長への就任をお願いされました。

この依頼に対して、二回目の町長選挙落選後に、私を支援し興すため結成された「信興会」と称した後援会から、大城議員の南風原町長選挙への対応を不満として反対の声が挙がりました。私は「過去二回の町長選挙に際して地域の皆様に多大な支援と協力を賜った。その恩に報いるためには国会議員の下で地域への恩返しが可能だと思う。それが最良ではないか」と説得してようやく了解を取り付けました。

請われて務めることになった大城真順参議院議員の後援会事務局長でしたが、その業務内容は殊の外厳しいものでした。議員の地元となる沖縄での政治活動や後援会活動を取り仕切る事務を担うわけですが、自分の給料や事務所の運営費、職員の給料等を事務局長である私が自分で稼がなければいけませんでした。そのため、毎日県内全域の企業や団体、有力者等を駆けずり回る日々でした。

しかし、今思い起こせば、この時に築き上げた人脈や得られた知識、経験が後の県議会議員の活動等に大いに役立ったのではないかと思います。

大城議員の後援会の事務局長は結局六カ年間務めました。とある日、県議会議員に出馬しないかとの話がいきなり飛び込んできました。島尻地域を選挙地盤としていた保守系の議員が次回の県議会議員選挙に農業関係の支持が得られなくなったため、私に白羽の矢が立ったのです。

しかし、私は政治家になる気は全くありませんでした。丁重にお断りしたのですが、この話を伝え聞いた大城議員は「私の事務所に政治家は二人はいらない」と唐突に言い渡しました。

そのため、急遽他の仕事を探さなければいけなくなりましたが、県議会議員出馬の噂があったため、採用してくれる企業は皆無でした。そのあおりを受けて妻の美代子も仕事を失いました。

止む無く県議会議員に立候補せざるを得なくなり、妻の美代子と二人で島尻地域の有識者の家を一軒一軒戸別訪問しました。

一方、私の地元である兼城区民からは立候補に多大な支援を賜りました。また、私の後援会（信興会）も我が事として全面的に協力してくれました。これらの支援は私の心強い支えとなりました。

かくして私の政治生活がスタートしたわけです。そして四期十六カ年間の県議会議員生活が続きました。その間、機会がある毎に支持者を自宅に招いて意見や情報交換、交流を重ねるなどしました。

また、県議会議員としての活動を行うに当たっては、地域産業の振興や伝統文化・芸能の継承発展、次世代を担う子ども達の育成等に腐心しました。

主な活動実績を挙げますと、サトウキビの糖度を高めるための品種改良や、刈り取り作業の効率を上げるための刈り取り機の小型化・普及、沖縄県民のアイデンティティである「島ことば」を継承・奨励するための「しまくとぅばの日」の制定、世界最高水準の研究者を養成する科学技術大学院の沖縄県への誘致の発案と推進、小学校低学年からの英語教育の実施などであります。

県議会議員生活の最後の二カ年は、推されて議長の要職に就くことになりました。

ところで私は、自民党内では幹事長や副会長等を歴任しました。

当時の自民党は、私のようなリベラル的な考えの保守的な議員から、土着政党である社大党の考えに近い議員、右翼的な考えの議員まで幅広い考えを持つ議員がいました。だからこそ県民の支持を長年にわたり得ることができたものと思いますし、私が役員を務めることができたのではないでしょうか。

思い起こせば、私は自ら希望して政治家や企業家になったわけではありません。したがって、ある意味では私の人生は必ずしも自分の希望通り、思い通りにはいっていないのかもしれません。しかし、その反面、私はその時々の問題や難局に対して自分の持てる全ての力で精いっぱい対応し、凌いできたつもりです。そのことからすれば、私が常々口にする「我が人生に悔いはなし」との言葉は、あながち誇張した表現ではないと自画自賛しているところです。

第3章 「オール沖縄」——新たな島ぐるみ闘争へ

教科書検定意見撤回・記述回復要求

教科書検定意見の撤回と記述の回復を求める県民運動はなぜ起こったのか、そしてなぜ私がこの大会の実行委員長に就任したのか、実行委員長としてどのようなことをやったのかということを述べる前に、当時の我が国の政治状況等をあらかじめ述べておきたいと思います。

一九八〇年三月、文部省は一九八一年度から使用される高等学校日本歴史教科書の検定で、沖縄戦における日本軍の住民殺害の記述を削除・修正させました。

これに対して、沖縄県民は強く反発し、県民が一丸となって記述の回復を求める県民運動に取り組みます。県議会も県民の動きに呼応して記述の回復を求める意見書を採択して、官民一体となって記述の回復に取り組んだのです。

また、アジア諸国は大東亜戦争下での日本の植民地政策に関する記述に対して事実をねじ曲げているとして批判を高め、その是正を強く求めていました。

このため、文部省は沖縄戦における住民虐殺の記述を認めるとともに、「近隣諸国条項」を設けて検定意見を付さないこととなったのです。

二〇〇七年三月、文部科学省は二〇〇八年度から使用される高等学校日本歴史教科書の検定で、またしても検定意見を付して沖縄戦における日本軍による命令・強制・誘導等の集団死の記述を削除・修正させました。

これに対して、沖縄県民は再び強く反発し、検定意見の撤回と記述の回復を求める県民運動に取り組みました。県議会や県内全市町村議会、沖縄県、市町村、諸団体も県民の動きに呼応した官民一体の取り組みを展開します。

　また、県内では子ども会（県子ども会育成連絡協議会）、婦人連合会、遺族連合会、老人クラブ連合会、ＰＴＡ連合会、女子学徒会の六団体が連帯して県議会や県内全市町村議会、沖縄県、市町村、諸団体等に「県議会が主導し官民一体となった反対運動を行う」よう要請活動を展開しました。

　この六団体の取り組みは最初小さなうねりに過ぎませんでしたが、県民の関心が高い問題だったこともあって日を追うごとに賛同する県民や団体が多くなりました。やがて、県議会が中心となって県や市町村議会、市町村、民間団体で構成される二百六十団体に及ぶ賛同団体が結成されるまでに広がっていったのです。

　そして、二〇〇七年九月、「教科書検定意見の撤回と記述の回復を求める県民大会」が開催されることになります。

　この県民大会には県内の老若男女十一万六千人余がこぞって参加し、県内の各政党・団体も主義主張の違いを乗り越えて超党派でもれなく参加するという、かつてない県民大会となりました。この大会こそが現在の「オール沖縄」を生み出す源流となったものと考えております。

　なお、この県民大会に私は実行委員長として登壇し、県民に一致団結して立ち上がり、政府に断固抗議するよう呼びかけました。以下はその時私が話した内容です。

―将来に史実を正しく―

「集団自決が日本軍の関与なしに起こりえなかったという歴史的事実がねじ曲げられることは、去る大戦で筆舌に尽くしがたい犠牲を強いられた県民にとって絶対許すことはできない。軍の命令や強制、誘導によって親兄弟、親類、知人同士が殺し合う集団死があったことは隠しようもない事実だ。日本の将来を担う子ども達に史実は史実として正しく伝え、悲惨な戦争を再び起こさないようにすることは私たちに課せられた最大の責務だ。私は八歳で戦争を体験し、親兄弟を亡くした。六十二年間ずっと心の奥底に封印していた、あの忌まわしい記憶を解くことはないと思っていたが、今回の教科書検定意見の結果が私の気持ちを揺るがすきっかけとなった。多くの戦争体験者が私と同様に、思い起こすのもつらい当時の記憶を証言されたことに思いを致すと胸が痛む。中にはいまだに口に出したくても出せない方もおられる。文科省の検定意見はこれらの重い証言を軽々しく扱っているとしか思えない。大会は住民を巻き込んだ悲惨な地上戦の惨禍に見舞われた沖縄が全国に発信する警鐘だ。『軍隊による、軍命による集団自決』だったか、文科省の言う『自ら進んで死を選択した』とする殉国美談を認めるかが問われている。全県民が一丸となって立ち上がり、『軍隊による強制集団死の削除』に断固『ノー』と叫ぼう」

一方、本土においては歴史修正主義者が中心となって、大東亜戦争を侵略戦争ではなく、アジア解放の聖戦であること、南京大虐殺や慰安婦などの事実はないこと、沖縄戦での日本軍による強制集団死に一切触れようとしないことなどを主張するようになります。また、彼らは自分達の歴史認識を国民に定着させるため、「新しい歴史教科書をつくる会」を発足させるなど活発な動きを行うようになります。

さらに、安倍晋三衆議院議員ら一部の自民党国会議員は「教科書議員連盟」を結成して同会を支援するとともに、その取り組みに賛同する様々な動きを展開します。

また、これらの勢力は二〇〇五年八月、座間味島元戦隊長の梅澤裕氏と渡嘉敷島元戦隊長の赤松嘉次氏の実弟赤松秀一氏を原告とし、大江健三郎氏と岩波書店を被告とした「大江岩波裁判」を提訴します。

この裁判は「日本軍による集団自決の軍命の否定」を狙ったものですが、かれらの目論みは叶わず、地裁、高裁及び最高裁の全てで原告が敗訴するという結果になりました。

ところで、文部科学省は当初、記述の削除を求める検定意見の根拠として同裁判における梅澤氏の「軍命を出していない」との陳述を挙げていました。

しかし、最高裁により大江氏等の主張が確定すると、それまで裁判における原告の陳述を教科書検定意見の根拠としていた文部科学省は態度を豹変させ、あろうことか同裁判は「私人間の争いである」として、「教科書記述が問われたものではない」から教科書検定意見の根拠とはなり得ないものであると主張するようになるのです。

そこには「史実を直視・認識して子ども達に史実を正しく伝える」責務を負う教科書の使命と文科省の存在意義を放棄し、為政者の顔色を伺う文科省の情けない姿勢が透けて見えます。

これが「沖縄戦における日本軍による住民の集団強制死」に関する当時の状況です。

県民大会実行委員会の委員長へ

私は、我が国の将来を担う子ども達が学ぶ歴史教科書の記述に対して、政府と一部勢力が事実をねじ曲げ、誤った歴史教育を行おうとする取り組みに対して、戦争体験者として到底許せない行為であると思っていました。

なぜならば、沖縄戦における住民の強制集団死は、一部勢力が美辞麗句で飾るように「天皇陛下万歳と言って死んでいった」というものではなく、日本兵による命令や強制、誘導があったからに他ならないからです。

したがって、歴史教科書の検定意見問題で、「集団死」に関して、「日本軍によって」という主語が抜き取られ、「住民が自ら進んで自決した」との記述は事実に反したものであると考えていました。

歴史の事実のすり替えはあってはならないことです。ましてや誤った歴史認識を子ども達に教え込むことは決して許されるものではありません。

また、沖縄戦では沖縄県民の四人に一人、総数では二十万人余の県民等（米軍人を含む）が亡くなったとされており、県民の多くが肉親を失っています。これはひとえに県民を巻き込んだ無謀な地上戦が行われたからであり、「軍隊が住民を守らなかった」からであります。そして、この事実は多くの県民が身をもって体験したことであります。そのため、沖縄県民の心の中には戦争反対や軍隊の否定という気持ちが強くあります。

沖縄県民は、戦争中に筆舌に尽くし難い、いろいろな辛い経験をしてきました。

そして、私もまた冒頭述べたように、山中を逃げまどったこと、ガマ（壕）で毒おむすびを差し出され妹の殺害を求められたことなどの出来事を体験し、戦争をやれば人間が人間でなくなることを痛感しました。「強制集団死」の問題もそうです。

ですから、私にも戦争は絶対にさせてはいけない、戦争をしてはいけないという強い思いがあります。

その一方で、県民の中には「戦争中の辛いことや忌まわしいことは決して口外したくない、子や孫にあえて言いたくない、伝えたくない」という気持ちがあることも事実です。

だから、戦争体験者の多くは固く口を閉ざして、これまで自分の戦争体験や沖縄戦の実相を語ろうとはしなかったのです。

そのような中、子ども会等六団体から県議会に提出された陳情に対して、県議会は文教厚生委員会で審査を行うこととなりました。

その審査の中で、「沖縄戦における日本軍による強制集団死」の事実があったのか、そもそも沖縄戦とは如何なる戦いであったのか、ということが議論されました。

しかし、文教厚生委員会のほとんどの委員は戦後生まれであるため、沖縄戦の実相を知る由もありません。文献から一定程度の情報を持っていたり、断片的な知識を持っていたりする程度でした。また、県議会及び委員会を構成する政党・会派の沖縄戦に対する主義主張や取り組みには温度差が生じていたこともあって、意見の一致を見ることは難しい状況となっていました。特に私が所属していた自民党は初めから否定的な雰囲気でした。

膠着《こうちゃく》状態に陥っていた委員会は、打開策としてとりあえず与野党から一人ずつ代表を選出して戦争体験者から聞き取りを行うことにしました。

しかし、聞き取りを行おうとした戦争体験者はやはり口を閉ざして全く語ろうとしませんでした。そのため、委員会の代表は目的を果たすことが出来ないまま委員会に戻らざるを得ませんでした。

文教厚生委員会で代表がそのことを告げると、もともと審査に否定的な一部の委員は「それ見たことか」と言い、審査の打ち切りや棚上げを言い出しました。他の委員からも事実の究明ができない以上、審査見送りやむなしとのあきらめに似た雰囲気が出始めました。

私は当初静観しておりましたが、このままでは大変なことになると考え、戦争体験者として、「毒入りおむすび」等の自分の戦争体験を話しました。すると、全ての委員がそれまでの姿勢を改め、「小異を捨てて大同に就いてやりましょう」ということになりました。

委員会での意見の一致を踏まえて、各会派での意見調整を行い、本会議での全会一致を目指した調整を水面下で行いました。

なぜならば、私が所属していた自民党会派では、二、三名の議員が相も変わらずに強硬に反対していたからです。ひざ詰め談判で説得を続けましたが、一向に態度を変える兆しが見られません。業を煮やした私はそれらの議員に対して「反対するなら反対でも構わない。しかし、反対した事実は公表され、県民の前で明らかにされることになる。それでも構わないならば、どうぞ」と言いました。

そのようなやり取りがあったわけですが、私の言い分が正論であったことや、粘り強く説得と説明を尽くしたこともあって、最終的には真の全会一致（一部の議員が退席せずに全員参加の上で賛成）で県議会が意見書を議決しました。同時に政府要請に臨むことや、保守も革新も一緒になった超党派で県民大会を開催することに漕ぎ着けることができました。

また、県議会が主導して県や市町村議会、市町村、県内の団体、企業等に呼び掛けることになり、県議会議長がその呼びかけを行うことになりました。

一方、私が委員会で戦争体験者として体験を話したことや、自民党会派での説得にあたっていたこと、県議会議長となっていたこと、さらには県議会議長が最初に呼び掛けたこともあって、私が図らずも県民大会の実行委員長を務めることになりました。

県議会において「教科書検定意見の撤回と記述の回復を求める意見書」の全会一致の議決が得られるとともに、実行委員会を結成することが了解されたことから、実行委員会が結成されることになりました。その構成に当たっては、私は保守革新の分け隔てなく、全会派一致の体制とするため―今で言う「オール沖縄」体制―を実現させるため、県議会からの代表には与野党の代表をそれぞれ一名ずつ選出してもらいました。与党代表は伊波常洋議員、野党代表は平良長政議員が選出されました。

また、教科書問題の発端となった要請団体の六団体から、子ども会会長の玉寄哲永さん、婦人連合会会長の小渡ハル子さん達がそれぞれ選出されました。

実行委員長を務めるに当たって何より心強かったのは、昭和九年生まれの子ども会会長の玉寄哲永さん、そして婦人連合会会長の小渡ハル子さん、このお二人の存在でした。お二人とも沖縄戦の体験者だったからです。

その他、実行委員会のメンバーとして二十六団体からそれぞれ代表者が選出されました。早速実行委員会を開催しました。最初に決定しなければならないことは開催場所と開催時期です。

開催場所については、当然のことではありますが、大会の開催目的に最も即している糸満市の平和祈念公園が提案されました。

しかし、平和祈念公園は、収容人員は約一万人程度しか見込めず、実行委員会が参加目標とする十万人超えの人員が期待できないこと、沖縄本島全域から参加する県民の交通の利便性が悪いこと、などの不具合が懸念されました。

そのため、新たに沖縄本島中部の宜野湾市海浜公園が俎上に上がり、調査の結果、収容人が十万人見込めること、交通の利便性が高いことがわかり、全会一致で海浜公園を会場とすることを決定しました。

なお、調査に当たっては、公園管理者や道路管理者、土木事務所、県警察本部、所轄の警察署等への意見照会や調整、依頼等を行い、遺漏のないよう取り計らいました。

また、平和を希求する県民の心の拠り所である平和祈念公園との関わりを保つため、「平和の火」から採火してトーチで会場（海浜公園）まで運び、特別に設けた点火台で「平和の火」を灯して、県民の思いとともに大会が開催されるよう心配りをいたしました。

開催時期については、政府に抗議の意思を突き付けるためにはできるだけ早期に大会を開催すべきであるとの意見と、多くの県民の参加を得るためにある程度周知のための時間をかけるべきであるとの意見が出され、紛糾しました。

結局、高校への教科書の配布時期と印刷会社の兼ね合いや、政府への早期の抗議との関係から九月二十九日（金）とすることになりました。

また、曜日についても平日を避け、多くの県民が参加しやすい週末を選びました。

しかし、開催日時と場所は決定したものの、解決しなければならないことはまだまだ山積みでした。

例えば、実行委員会の事務所をどこに置くかという問題がありました。多くの方から県議会内に設置すべきとの意見や要望がありました。これに対して、相も変わらずに反対し続ける一部の議員からは異論が示されたため、私が議会事務局と調整した結果、議長が借用する形で決着を図りました。

次に、実行委員会の事務局の経費や大会開催のための経費をどう捻出するかという問題がありました。必要な品物は即座に買い入れなければなりませんし、必要な機器もリースで借り入れたりしなければなりません。本来は現金で支払わなければなりません。しかし、大会に参加する県民からの浄財を期待しているわけですから、手元に現金があるはずもないし、他に入ってくる目途も立っていませんでした。やむなく私が個人保証をして大会終了後に支払う約束で何とか解決することができました。

次に、大会に参加する県民の交通手段を如何に確保するかという問題がありました。これには短時間で安価に県民を移動させるためにはバスしかないと考え、バス会社に直談判しました。その結果、会場への行きは無料、帰りは一人百円とし、臨時便を増便してもらうことで協力してもらいました。

また、平和の火を運ぶトーチは長崎県から無償で提供してもらい、長崎と沖縄の連帯を表す象徴として花を添えてもらいました。

実は、私が最も腐心していたことは、寄り合い所帯である実行委員会をどうすれば全会一致で取りまとめることができるかということでした。実行委員会は適宜開かれていましたが、保守や革新、労働組合、公的機関等の代表などそうそうたる方々がメンバーとして集まっていたわけですから、そう簡単にまとまるはずがありません。

このため、私は開催の都度に必ず「お互いに腹八分あるいは腹六分で協力し合おう」「沖縄は米軍基地がある限り、今後も国と対峙していくことが予想される。そのためにも今回の大会は全員一致して成功させなければならない」と呼び掛けました。

次に、多くの県民に大会の目的と内容等を周知してもらい、参加を得るため、その拡散機関となる賛助会員や賛同する市町村、市町村議会を如何にして獲得し、増やすかという問題がありました。

そのため、県庁六階の大講堂で説明会を開催したところ、二百六十余の賛助団体と会員を獲得しました。そして、この賛助団体と賛助会員から傘下の県民への呼びかけを行ってもらうとともに、それぞれの動員可能数をあらかじめ提出してもらいました。

また、市町村や議会に対しても説明会を開催し、それぞれの市町村で実行委員会を結成するよう呼び掛けたところ、四十一市町村でそれぞれ実行委員会を結成することができました。さらに、その実行委員会が中心となって参加の呼びかけを行うとともに、参加見込み数を報告してもらうことができました。

その結果、参加見込み数十万人余という目標値が積み上げ算で事前に得られたわけです。私は大会の成功をある程度予想していましたが、この目標値が得られたことにより、これまでの県民大会を上回る県民大会とすることができることを確信することができました。

次に、大きな問題は、県民の関心を高めて参加の機運を醸成し、多くの県民が参加できるようにするためにはどうすればよいかということでした。

そのため、私は議会活動や議長としての公務の合間を縫ってマスコミや関係機関を回って「ぜひこの問題と大会の開催を取り上げてほしい」「傘下の関係者へ周知を図ってほしい」と強く働きかけました。

そのかいもあって県内のマスコミは勿論のこと、米国のニューヨーク・タイムズや中東のアルジャジーラ、東京のＦＭ放送、その他全国の地方新聞等が積極的に取り上げてくれました。

このように、六月の決定から九月の開催までの期間はわずか三カ月しかないのにも関わらず、県民大会の開催に向けた諸準備や、解決しなければならない問題は数多くありました。

しかもそのいずれも煩雑で注意深く取り組まなければならないことだらけでした。余りにも準備期間が短く、しかもやるべきことが多岐にわたっていたため、実行委員会の事務局の主体には県議会事務局の職員をお願いしました。本来の業務である議員の議会活動を支える仕事を行いながら、全くのボランティアで活動してもらいました。相当無理な仕事を強いたものだと今でも思っています。

県民大会の当日は、一時小雨も見られましたが、大会が始まる頃は秋晴れでした。県内各地からバスやタクシー等で駆け付けた老若男女が開場時間前から会場に続々と詰めかけていました。その熱意と気迫は会場内に満ち溢れていました。また、多くの県民が一斉に会場を目指したため、各地で交通渋滞が発生していました。渋滞に巻き込まれてバスが全く動くことができなくなったため、途中でバスを降りて徒歩で会場に向かった方や、那覇市泉崎のバスセンターから会場まで徒歩を余儀なくされた方もいました。また、大会の開催時間に間に合わなかったり、途中で参加を断念したりした方々も数多くいました。

会場で確認できた参加者の数は十一万人でしたが、大会に間に合わなかった方や途中での参加断念者の方々を加えると、実際の大会参加者は十五万人余に及ぶものと考えております。

県民大会は、サトウキビ畑の手話ダンスに始まり、実行委員長、県知事、県教育委員会委員長、県市長会会長、子ども会会長、青年団協議会会長、ＰＴＡ連合会会長、婦人連合会会長、渡嘉敷・座間味村の戦争体験者代表、高校生代表のあいさつがあり、大会決議文を満場一致で決議しました。

県民大会の決議に基づき、平成十九年十月三日、実行委員長、県知事、県議会会派代表、市町村会代表、市町村議会代表、実行委員会の六団体代表等で構成した東京要請団二十一名が渡海紀三朗文部科学大臣に「検定意見の撤回と記述の回復」を要請しました。しかし、大臣は「県民の思いを重く受け止める」としながらも「検定制度に政治は介入できない」ため「検定意見の撤回と記述の回復」には消極的な姿勢を崩すことはありませんでした。

ところで、政府のこのような頑なな姿勢はこの時にのみ見られたものではありませんでした。

実は、平成十九年六月二十二日に県議会が全会一致で議決した意見書や、全四十一市町村が五月十四日から六月二十八日までに相次いで議決した意見書に基づき、七月四日に県議会、市長会、市議長会、町村会、町村議長会の代表者で構成する要請団が上京して伊吹文明文部科学大臣に要請しようとしましたが、大臣には会えず、布村幸彦審議官がこともあろうに待合室みたいな手狭な部屋で対応し、要請の内容を拒否していたのです。

県民の代表である行政の長や議会代表に対して理由も示さずに頑なに拒否し続ける姿勢もさることながら、要請団が求めた大臣よりはるかに格が劣る審議官が、しかもかび臭い狭い部屋で対応したことに対して、要請団や県民から即座に怒りの声が上がりました。

帰沖後、私は直ちに県議会の各会派代表者を招集して、顛末を報告いたしました。各会派の代表者は「文部科学省の対応は大変失礼な行為であり、回答は到底容認できない」と声を上げ、その結果、県議会では異例となる「同一定例会中の同様の趣旨である意見書の二度議決」が行われました。

これに基づき、県議会代表が文部科学省に再要請を行いました。おそらく文部科学省はびっくり仰天したのでしょうね。そして、さすがに、そっけない対応を再度する勇気はなかったのでしょうか。今度は大臣室で伊吹文明文部科学大臣に直接要請文を手交することができました。

しかし、大臣に会えたからといって文部科学省や政府の対応と考えが変わったわけではありませんでした。相も変わらずに「検定意見の撤回は教科用図書検定調査審議会の専権事項であり、判断だ」「大江岩波裁判の結果を待たなければ判断できない」として検定意見の撤回を拒んだのです。そして、「教科書会社から訂正申請が出された場合には申請理由を検討して訂正に対応したい」と回答しているのです。これでは全くの「ゼロ回答」です。

このように、文部科学省と政府は、県議会等の意見書決議や県民大会決議に基づく合計三回の要請に対して「ゼロ回答」という頑なな姿勢を全く変えようとしなかったのです。

このため、四度目の要請を行うことにしました。しかも今度は県民を最大動員して文部科学省や政府、全教科書会社、政党、国会議員全員に直接要請するのです。

平成二十年一月二十五日、個人の資格等で応募した県民から成る百五十名余の要請団が大挙して上京して、東京で参加した支援者約百名余と合流し、大野松茂内閣官房長官や池坊保子文部科学副大臣、全国会議員、全政党代表者、教科書会社代表者らに相次いで面談して検定意見の撤回と記述の回復を要請しました。

しかし、文部科学省と政府の回答はこれまでと全く同じでした。

ところで、これまでの要請行動を不満に思う県選出の自民党国会議員の一人は私たちの宿泊先のホテルに電話をかけてきて「このまま黙って沖縄に帰ってくれ」と言いました。また、別の県選出の自民党国会議員は衆議院議員会館の廊下で「やめてくれ。おかしいよ」と大声で喚き散らす有様でした。これらのことは正に恫喝そのものでした。

その後、県選出の自民党国会議員で構成する「五の日の会」から、那覇市与儀の知事公舎に来るよう求められました。

知事公舎に出向いてみると、仲井眞知事を始め県選出の自民党国会議員、自民党系の県議会議員、市町村長らが雁首を並べて待ち構えていました。そして、異口同音に「これ以上政府に要請するな」「直ちに実行委員長を辞任しろ」「実行委員会は役目を終えたのだから、もう解散しろ」と迫るのです。

しかし、私は「皆さんから言われたことをそのまま知事公舎入り口で待ち構えている記者に発表するぞ」と反論して、このような理不尽な言動や要求を断固撥ねつけました。

私が彼らの圧力に屈しなかったのは、戦争体験者として「軍命の削除」は絶対に許すことができないという強い決意があったからです。

一方、歴史修正主義者も歴史教科書を自らの考えの通りに改定するためには県民大会の動向が目障りになったものと思われますが、委員長である私や実行委員会に標的を定めて批判の刃を向けてきました。

その一環として、「新しい歴史教科書をつくる会」の代表者が、わざわざ沖縄県庁で記者会見を開いて「仲里は戦争体験者だと称しているが、八歳の子どもに何がわかるか」と私を批判しました。また、「現在の歴史教科書は自虐的で余りにもひどいから歴史教育を見直すべきだ」との考えから、文部科学省の対応を評価し、実行委員会の取り組みを批判するという行為に出ました。

しかし、私には、日本兵により壕を追い出されたことや、毒入りおむすびを差し出されて妹の毒殺を求められたこと、家族で北部の山中を転々とする生活を余儀なくさせられたこと、などの記憶が鮮明に残っていました。

また、避難していた金武や宜野座のガマ（壕）や、日本軍の偽のグラマンが特攻を行うのを目撃した丘等は地域の住民でも忘れていましたが、後日、私は記憶を辿ってちゃんと探し当てたのです。

そのため、彼らがいくら批判しても私の自信と信念はいささかも揺るぎません。また、実行委員会も戦争体験者やその親族に戦争を体験した方がいる方々ばかりでしたから、ためらうことはありませんでした。

根拠のない批判は遠吠えにすぎませんし、事実を曲げることはできないと固く信じていたからです。

ところで、私たち沖縄県民が熱望してやまない「教科書検定意見の撤回と記述の回復」は、これほどの取り組みにもかかわらず、残念ながら未だ実現に至っておりません。

しかし、県内各地から十五万人余の老若男女の県民が参集して県民大会を開催し、超党派で県民の思いを一致させたということと、その後の四度に及ぶ要請を重ねたことは、「オール沖縄」の原点そのものではないでしょうか。

そして、現在にいたっても尚「教科書検定意見の撤回と記述の回復」を求める取り組みが引き継がれていることは、「平和を希求」し「戦争体験を無にしない」という県民の不屈の姿勢を象徴しているのではないでしょうか。

このような不断の積み重ねが後世に引き継がれることを願ってやみません。

西銘恒三郎衆議院議員の公約破り

私は、自民党衆議院議員の西銘恒三郎さん（西銘順治元沖縄県知事の三男）の後援会会長を二年半引き受けていました。それは衆議院議員落選中の彼が私を訪ね、後援会会長への就任を懇願したからです。

衆議院議員の選挙運動期間中、私は彼を伴い、名刺をもって一日二百軒も個別訪問で回ったこともありました。行く先々で基地のことで質問がある度に、公約として「普天間基地は県外・国外に移転させます」と言ってきました。そのおかげで選挙は前回の落選をはねのけて圧勝させていただきました。

けれども、あの当時、彼がまさか公約を破り、辺野古新基地建設の推進を率先して唱えるようになるとは夢にも思いませんでした。

それは、平成二十五年一月のことでした。自民党県連大会が開催された時に西銘恒三郎衆議院議員が参加していなかったため、秘書に「どうしたのか」と聞くと、「実は、山口県、佐賀県、長崎県を回って、普天間基地を引き取ってほしいという要請に行った」と言うのです。

「何たるバカなことをするのだ。一介の国会議員ぐらいが行ったところで話になるものじゃない。このようなことは大臣クラスの人が国として動かないとどうにもなるものではない。アリバイ作りじゃないか」とその秘書を叱りつけました。

その後、西銘議員は沖縄に帰ってきてから「どこも引き受けてくれるところがなかったので沖縄が引き受けざるを得ない」と言いだすようになりました。明らかに辺野古新基地建設推進に変質したのです。

この件以来、多くの皆さんから私に対する怒りの苦情電話が毎日かかるようになって参りました。皆さんは異口同音に「後援会長のあんたが辺野古を認めたから彼もそうやっているじゃないのか」と言うのです。「違う、私には何の相談もなく、彼が一人でやってしまったのだ」と必死で説明しなければならない日々が続きました。

私は、本当はその時点で後援会会長を辞めようと思いましたが、私が後援会会長として後援会のゴルフコンペを企画・運営していたため、その間は辞めることができませんでした。ゴルフ大会が成功裡に終わった後、私は西銘議員に「あなたと私の間には普天間基地問題に関して食い違いが生じている。また、安倍総理が実施した『四月二十八日主権回復式典』についても、あなたは喜んで行ったのではなかったか。あなたが国会議員を辞めるか、私が後援会会長を辞めるかどちらかしかない。あなたは下りないだろうから、私が後援会長を辞めるよ」と言い、五月末に後援会会長を辞めました。

それ以後、苦情の電話は一本も来なくなりました。

私は、政治家が公約を破ることは、有権者である県民を騙すことであり、本当に恥ずべき行為であると思います。だから、西銘議員の公約破りは決して許されるものではありません。当選後の事情変更や緊急的な事案への対応のため、それまでの公約や政策を変更しなければいけないことを否定するわけではありませんが、その場合でも有権者に十分な説明と了解を得るとともに、潔く辞職して信を問うべきではないでしょうか。

ましてや県民がこぞって望んでいる「過重な基地負担の軽減」や「基地のない平和な沖縄の実現」に繋がる「辺野古新基地建設阻止」という重大な政策であるからこそ、県民の代表となる国会議員は県民の心をくみとり、体を張って政府に進言すべきではないでしょうか。ところで、私は県議会議員を四期十六年間務めました。その間、自民党党員として、自民党沖縄県連に所属して議会活動を行ってきました。

しかし、当初は自民党や沖縄県連の考え方や政治方針に賛同していましたが、次第に違和感を抱き、疑問を示したり批判的な立場をとったりすることが多くなっていったのです。そのため、自他ともに党内野党的な位置付けとなっていました。どうしてそうなったのかといいますと、沖縄県民の思いや沖縄戦の位置付け、沖縄への取り組み等に対して保守としての原点と自民党の源流を当時の東京の自民党や沖縄県連に見出すことができなくなったからです。

そして、そんな私が自民党、そして沖縄県連に見切りをつけ、訣別する気持ちを決定的に固めたのが、二〇〇七年九月の教科書検定意見を巡る県民大会の開催に対する自民党と沖縄県連の対応ぶりでした。

だから、二〇〇八年に県議会議員を満了し、政界から引退することになると、早速自民党の党員を辞めるため、党費を支払わないことにしたのです。

なぜならば、自民党の規則で党員は党費を支払わなければならず、党費を支払わない者は党員ではなかったからです。そして、自民党の顧問という役職も辞めたいと申し出ました。しかし、これはさすがに慰留されました。県議会議長経験者は顧問となることが慣例となっているから、これは勘弁してくれというのです。しょうがないので、顧問の辞任はそのまま放置しました。

その後、西銘恒三郎さんが二〇一四年に自民党沖縄県連の会長に就任するや否や、私の党員除名と顧問の役職解職を行いました。

もとより、私は、保守としての原点と自民党の源流を持ち続けているのは私であり、今の沖縄県連は東京の自民党の出先、使い走りにすぎないと思っています。

また、教科書問題に端を発した「教科書に史実を記載し、沖縄戦の実相を後世に正しく伝えていく」ことは戦争体験者としての私の責務であり、批判されるべきものではないと確信しております。だから、自民党沖縄県連のこのような処分は、私にとって痛くもかゆくもありませんし、また不名誉なことだと思うことは全くありませんでした。

ところで、自民党沖縄県連が私の除名処分と役職のはく奪を行う際に、私に説明を求めたり、弁明の機会を与えたりということは一切ありませんでした。もっとも、私に説明の機会を与えたら、そもそも党員でない者に除名処分を行う根拠を問われることを恐れたのではないでしょうか。

いずれにしても、自民党沖縄県連のこのような処分と仕打ちは、江戸の仇を長崎で打つというやり方であり、本当に嘆かわしいことだとしか言いようがありません。

仲井眞弘多沖縄県知事の県民だまし

平成二十五年十二月二十七日、仲井眞知事が「有史以来のすばらしい予算をいただいた」とか、「良い正月が迎えられる」とか、「大変な配慮をいただいた」などの美辞麗句のありったけの言葉を述べて安倍総理大臣に感謝の意を示していました。私は東京新聞の記者に、十二月二十八日付け新聞の三、四六〇億円という金額の内訳、真水（事実）はどうなっているのか調べてもらいました。

すると、三、四六〇億円の予算には、見せかけや、まやかしがあることが分かりました。三、四六〇億円には、那覇空港第二滑走路三三〇億円、大学院大学一九五億円、不発弾処理二五億円、学校の耐震化九五億円など合計約一、八〇〇億円が含まれていたのです。これらは、国の直轄事業としてこれまで県予算に組み込まずにやってきた事業や、全国どこでも国直轄事業として都道府県予算と別枠でやっている通常の事業であり、沖縄県予算として執行される純粋な沖縄振興予算ではないのです。

私は、仲井眞知事が自慢げに宣伝する予算のでたらめさを暴露するチラシをつくり、名護市長選で配りました。すると皆さんは騙されていたのだということに気付いてくれました。「沖縄は特別に三、〇〇〇億円ももらっているのだ」という考えを持っている方が県民の中にもたくさんいます。

私は、「それは違うよ。これは権利だよ。これは県民が国税として払ったものを、面積割、人口割で県に按分したものであって、地方交付税なのですよ」ということを言いたいのです。いつの間にか〝沖縄振興策〟という名前が付けられてしまったものだから、「特別に」「沖縄だけ」に予算がついているという誤った考えが広がっているのです。もし沖縄が辺野古新基地を認めないのであれば予算は廃棄しなさいとまで言っている学者もいます。

かつて大田昌秀知事時代、辺野古の問題のやり取りの中で四、七〇〇億円という予算の話がありました。だから、三、四六〇億円という金額は、全く「有史以来」のものでも何でもないのです。何か頼みごとがある時は予算が増えてくるわけです。ただし、ほとんどはハード面ですがね。そして、このハード予算の大半は、嘗て日本政府が東南アジアへの援助を行う際に悪評だったODA予算と同じなのです。沖縄の経済が「ざる経済」と言われ、日本政府がいくら投資しても沖縄には自立経済が育たないと批判されていますが、投資する傍から、本土の大手企業が根こそぎ吸い上げて、沖縄にはそのおこぼれしか回ってこないから、そのようにならざるを得ないのです。

ところで、「普天間基地は五年以内に運用停止」という問題があります。そんなことができるはずがないのです。アメリカ国防総省は、そんなことは一言も言っていません。普天間基地の返還は、辺野古新基地が完成した暁の問題であって、どんなに早くても九年半、いや十年以上かかるかも知れない、と言っているのです。

辺野古に決めたのは平成八年、橋本龍太郎内閣のときです。あの時、政府は閣議決定で七年以内に普天間基地を返還すると決めました。あれから今年で二十二年経っていますが、一向に進んでいません。

仲井眞知事は公約を翻し、辺野古埋め立て容認をしておいて、ぬけぬけと〝公約違反はしていない。五カ年で返還させる〟と言っていますが、これは真っ赤なウソです。「五年以内」を要望するために東京へ行ったのだとか、また、副知事がアメリカに行って五年以内を要請しているとか言っていますが、これはサル芝居というか、アリバイ作りというか、県民騙しというかしかありません。

また、オスプレイ十二機を県外に持っていくということも、アメリカは、「訓練は県外でもやりましょう。しかし常駐するところは沖縄ですよ」と言っています。だからこれも真っ赤な嘘です。

さらに、仲井眞知事は、日米地位協定に環境条項を入れるとも言っていましたが、これも昔から日本政府が言ってきたことであって、これまでアメリカがノーと言うから、なかなか前に進まなかった問題なのです。

しかも、最近では、この環境条項を盾に米軍はそれまで認めていた県や市町村の立ち入り調査を拒むようになっています。仲井眞知事や政府が鳴り物入りで宣伝していた「改善事項」が実は

「改悪事項」であったことの証明です。

また、沖縄と政府の懇親会みたいなものを作っていますが、この中にアメリカ側（米軍）が入らないと意味がないのです。しかし、アメリカは〝日本政府の問題であり、これには入らない〟という姿勢でいます。だから、これも絵に描いた餅で真っ赤なウソにすぎません。

私は、これらのことを名護市長選でも沖縄市長選でも訴えてきたのです。誰一人として私に反論する人はいません。私は、仲井眞知事が政府の対応を意図的に、しかも絶大に（過大・誇大に）評価していることを〝まやかし〟だと言って批判してきたわけです。

辺野古新基地は最新機能を備えた出撃基地化

辺野古の基地というのは耐用年数で二百年、機能的には四万トンクラスの軍艦が接岸できる二百七十メートルの軍港建設までプラスされているのです。

しかもその費用は日本国民の血税で賄われ、総額で一兆円の事業になると言われています。これを認めると、沖縄はアメリカが永久に、そして自由に使用できる出撃基地として、あるいは日本の自衛隊の出撃基地として、また、日米合同の訓練基地として位置付けられ、沖縄が基地の島、日本の防波堤として固定化されてしまうわけです。

平成二十五年十二月に仲井眞知事が辺野古移設を容認した後、政府の防衛大綱で『中期防衛五カ年計画』が発表されました。

その中には奄美や宮古、石垣、与那国の島嶼に沿岸監視の自衛隊を新たに配備することや、沖縄本島に地対艦ミサイルの新たな部隊を配備すること、Ｆ35戦闘機（ステルス）を購入・配備することなどが計画されており、その費用は総額二四兆六、七〇〇億円になるといわれております。これがポイントです。防衛予算というのは、これまでＧＤＰの一％以内ということが守られてきたのです。

しかし、今回、一気に閣議決定で防衛予算を倍に増額するということになります。そうなると一カ年に約五兆円ということになります。これが一番大事なことだと思います。このような形で我が国の軍備が増強されると、中国と日本の軍備競争という形になっていくのではないかと心配するわけです。

私は、県議会議長のときに軍事アナリストの小川和久さんとじっくりと話し合いをさせていただきました。彼は、沖縄から米軍が撤退するとなると日本は独自の防衛をしなければならなくなると言います。それで、日本が近隣諸国と対峙していくためにはＧＤＰの何％を使えば十分な軍備が整うのですかと尋ねました。彼はなんと六％必要だと言っておられました。六％とは三〇兆円ということになります。

テレビ朝日の方が私の家に来られた時にその話をするとびっくりしていました。そして、テレビ朝日の人は、オーストラリア、フィリピンなどと同盟を結べば三％で済むと言いました。しかし、オーストラリアやフィリピンが日本と手を組むはずはないのです。オーストラリアもフィリピンもアメリカとは手を組むでしょうが日本とはあり得ないと私は思います。いずれにしても、日米両政府が辺野古に新たに作ろうとしている基地は、日米の軍事協力の中心、根幹となることは疑うべくもない事実なのです。

沖縄のこころを建白書に

平成二十五年一月二十八日、県内の全市町村長と議会議長、経済界の代表と労働組合の代表者が連名で署名捺印した「建白書」を作成して、安倍晋三総理大臣に要請しました。

その内容は、①オスプレイの配備を撤回すること、②普天間基地の閉鎖撤去と県内移設の断念、の二点でした。

この二点に集約されたことは、県民の最低限度の思いであり、政府への要求であります。だからこそ、県内の全ての機関・団体の長がこぞって賛同したのです。

然るに、政府が沖縄県内で行っていることは、この建白書の内容と真逆の動きです。

その具体的な事例は枚挙に暇がありませんが、ここでは私が把握・懸念している事例を限定的に述べたいと思います。

代表的な事例として真っ先に挙げたいことは、私は、安倍政権になって、日本がいつ戦争するようなことになるか、大いに心配しているということです。

私は広報宣伝用のスピーカーを乗せる架台を自作し農作業用の車に乗せて、名護市や沖縄市、豊見城市、那覇市等の市長選挙等で街頭宣伝を行ってきました。

いずれの選挙においても最初に、仲井眞知事と自民党沖縄県連、そして西銘恒三郎衆議院議員らの公約破りであることを訴えました。

そして次に、建白書は今でも生きているし、オール沖縄も生きているということを強くアピールし続けました。

これらのことは、私の衆議院議員選挙でも同様に訴えました。

そして、「辺野古に基地をつくらせてはいけません。これは普天間基地の代替えではないのです。新たに基地がつくられると、これから永久に沖縄は日米両軍の出撃基地になるということ」も併せて訴えてきました。

オバマ大統領が日本に来たとき「嘉手納以南を返還することによって安定的に米軍基地を使う」ということを言っています。つまり、沖縄の米軍基地は〝永久に使いますよ〟と言っているのです。

だから、平成二十六年十一月の知事選の際には、『辺野古ノー』といえる候補者を用意する為に、あの手この手で頑張りました。革新とか保守とかではなく、『オール沖縄』で勝てる人を立てていきたいと考えたからです。

繰り返しますが、辺野古に新基地は絶対つくらせてはいけません。つくらせたら、その次は我が国での徴兵制の復活に繋がります。

自衛隊に入っている人たちはまさか自分たちが戦争に行かされるとは夢にも思っていないと思います。

「どこかの国で起こっている戦争に行け」と言われるようになると、自衛隊を辞めていく人が続出するのではないでしょうか。そうなると徴兵制を施行して国を守るという段取りに繋がっていくと思います。

だから、絶対に辺野古に新基地をつくらせてはいけません。そのような思いで、これまで建白書の理念と内容に基づいて、でき得る限りの活動を続けてきました。

『オール沖縄』の意義と今後の展望

教科書検定問題のときに『オール沖縄』という言葉を使いましたが、いま沖縄県民にとって大切なことは県民同士が喧嘩することではありません。県民同士がいがみ合うということは、「少しのお金を渡して県民に内輪もめをさせる」という「為政者の植民地政策に乗ってしまう」ことになります。

あくまでも、我々が闘う相手は日本政府であり、アメリカ政府であります。

この認識を持たなければ、沖縄県民はいつまでも〝わずかの金〟で政府の言いなりになってしまいます。

そうはならないという考えが『オール沖縄』の真の姿だと思っております。

幸い『オール沖縄』を具現化するための実行機関として『未来を拓く島ぐるみ会議』が発足しました。発起人は、経済界をリードする大手の金秀グループ会長の呉屋守將さんや、沖縄観光のけん引役であるホテル業のかりゆしグループＣＥＯの平良朝敬さん（当時。現在は沖縄観光コンベンションビューロー会長）です。

この二人が中心になって記者会見したら、三百社の企業が賛同してくれました。

島ぐるみ会議の目的は、オスプレイの即時撤去、普天間基地の閉鎖と県外・国外への移転であり、正しく『建白書』の実現ということになります。

私も十人の共同代表の一人に入っていますが、私以外の共同代表には著名な学者や文化人、さまざまな分野のリーダーの方々が多く名を連ねて下さっています。

また、辺野古基金や全市町村の島ぐるみ会議も相次いで結成され、「オール沖縄」の運動はますます広がっています。

ところで、仲井眞知事を応援する人たちが、連日いろいろ会議をやっていて、辺野古の新基地建設を推進するための目論見を企てているとの情報が流れてきます。記者情報では、仲井眞知事は「どんなことがあっても必ず辺野古建設をやるよ」と言っているとのことであります。なぜなら、「そのように約束させられているからだ」というのです。

『オール沖縄』は、今後、米軍基地がある限りあらゆる面で政府と対峙しなければならないため、その前途は確かにいばらの道であるかもしれませんが、着実に進んでいくことができるものと思っています。

実は、私は三年前の知事選挙の時に、県議会議員ＯＢに対して、翁長雄志さんを知事候補者として選定・支援するため水面下の話し合いを行いました。そして、翁長さんの二期目となる今回の知事選挙においても、私のルートを使って翁長さんを支えるため尽力するつもりでした。

しかし、誠に残念ながら翁長さんは二〇一八年八月八日に急逝されました。病による道半ばでの死去であったことから、さぞかし無念の思いであったものと思います。ご冥福を祈るばかりです。

翁長さんが全身全霊を懸けて県民からの負託に応えようとしていたことを考えますと、今後、我々沖縄県民が心を一つにして翁長さんの遺志を引き継いでいかなければならないのではないでしょうか。

そのためにも、引き続き「建白書」の実現に向けて取り組んでいくとともに「オール沖縄」を堅持し続けていくべきであると考えています。

そして、翁長さんの墓前に改めて「辺野古新基地建設の阻止」を報告したいものです。

沖縄は米軍基地のために三千億円を余分にもらっているのか

巷では「沖縄は米軍基地があるが故に、通常の国庫支出金の他に三、〇〇〇億円も余分にもらっている」との話がはびこっています。

実際、私が全国行脚で各県を講演している時にも参加者の方々から真顔で聞かれることがしばしばありました。

また、識者と呼ばれている人達の中にもそのように信じ込んでいる人たちが少なからずいました。

なぜそのような嘘がまかり通っているのでしょうか。

それは、ひとえに安倍政権が意識的にそのように仕向けているからに他なりません。

その端的な事例が「高等学校公民科現代社会」の「沖縄の経済や沖縄振興予算、米軍基地等」に関する記述です。詳細な内容は、後述する質問主意書で記載していることから、それを熟読していただくことにして、この章では割愛して、さわりだけを紹介いたします。

私が驚いたことは、安倍政権が極めて恣意的に「沖縄は米軍基地があるために三、〇〇〇億円を他県より余分にもらっている」との印象操作を行っていることなのです。

つまり、社会科の教科書に「米軍施設が沖縄県に集中していることなど、様々な特殊事情を考慮して、毎年約三、〇〇〇億円の振興資金を沖縄県に支出している」とか、「米軍がいることで経済効果があるという意見もある」とか、「基地に関連した収入の額は、軍用地の借地料や基地で働く日本人の給与などで毎年約二千億円と計算されている」とかを記載させていることなのです。

このような嘘が教科書に堂々と記載され、真実としてまかり通るのであれば、正しく「沖縄県民は三、〇〇〇億円も余分にもらっているのだから、基地のことで文句を言うな」との批判や意見が生じるのは当たり前となってしまいます。

しかし、本当にそうなのでしょうか。地方財政や国と地方との関係等をきちんと考えれば、このようなことは決して事実ではなく、悪質な嘘であることがたちどころに分かることなのです。

それを証明する事例として、沖縄県の予算総額とその内訳をご紹介いたします。

沖縄県の予算総額は単年度で概ね七、三〇〇億円程度であります。

その内訳は、道路や学校、農林水産業等の整備や義務教育への国の負担金等となる国庫支出金が約二、三〇〇億円、財政の偏在を防ぐため国から地方に一律に支給される地方交付税が約二、〇〇〇億円となっています。ちなみにこれらの財源は国からの金であることから、依存財源と称されています。

一方、沖縄県が独自に稼いでいる、いわゆる県税等は約二、三〇〇億円となっており、これらは自主財源と称されています。

そして、この依存財源と自主財源の総額に占める割合はそれぞれ六割と三割となっています。ところで、自主財源の割合が三割しかないのは何も沖縄県だけではなく、全国ほとんどの道府県でも同様に三割しかありません。俗に三割自治と揶揄される所以となっているのです。

だから、見方を変えれば、確かに三割に過ぎませんが、沖縄県やほとんどの道府県では、自ら稼いだ自主財源と、全国一律で国からもらう六割の国庫支出金等で予算を組み立てているのです。

しかし、安倍政権が言うように、沖縄に、他の都道府県も受けている国からの国庫支出金と交付税以外に、「基地があるが故に毎年約三千億円の振興資金が別途に支給されている」のであれば、沖縄県の総予算額は、前述の七、三〇〇億円に三、〇〇〇億円を加えて一兆円を超える予算があることになります。

ところが、沖縄県の総予算額は毎年変わらずに概ね七、三〇〇億円程度を維持し続けています。

加えて、他の都道府県との公平・公正な財政移転のあり方からしても、また他県でも米軍基地が存在していることからしても、米軍基地があるが故に三、〇〇〇億円を沖縄だけに特別に支給することと自体あり得るはずがないのです。

このように、安倍政権が行っていることは、小学生でもわかる足し算のレベルの話でもおかしいと感じる話なのです。

しかし、私が懸念していることは、このような嘘がまことしやかに吹聴されていることであり、教科書に記載されて純真無垢の子どもたちの脳裏に刷り込まれてしまうことであります。

第２部

政府の沖縄施策を糾《ただ》す質問主意書

私は、二年十カ月間の衆議院議員期間中に百三十二件の質問主意書を政府に提出し、政府の姿勢を厳しく糾弾するとともに、改善や見直しを強く求めました。

質問の大半は沖縄関係となりましたが、政府の考えや方針を端的に示し、もしくは垣間見ることができる質問内容と答弁として、以下の十一件と政府提出資料一件を厳選して掲載しました。

1　公民教科書の誤記載を糾《ただ》す

第一九〇通常国会　質問第二四七号

沖縄の経済や沖縄振興予算、米軍基地等に関する公民教科書の誤記載の是正に関する質問主意書

（質問一）

去る四月十一日、政府は、帝国書院から四月四日に訂正申請のあった「高等学校公民科現代社会」の「沖縄の経済や沖縄振興予算、米軍基地等」に関する記述について、「沖縄の現状について学習上の支障がある」との理由で承認したとのことである。

訂正前の記述と訂正後の具体的な内容は、①「県内の経済が基地に依存している度合いは極めて高い」との記述を削除したこと、②「日本政府も、事実上は基地の存続と引き換えに莫大な振興資金を

沖縄県に支出している」との記述を削除し、代わりに「米軍施設が沖縄県に集中していることなど、様々な特殊事情を考慮して、毎年約三千億円の振興資金を沖縄県に支出」と訂正したこと、③「米軍がいることで地元経済が潤っている」との記述を「米軍がいることで経済効果があるという意見もある」と訂正したこと、④「米軍基地が移設すると、あわせて移住する人も増えると考えられており、経済効果も否定できないとして移設に反対したいという声も多い」との記述を「米軍基地に関連した収入で生活している人もおり、基地を容認する声もある」と訂正したこと、⑤「経済効果は、軍用地の使用料や基地内で働く日本人の給与、軍人とその家族の消費などで、二千億円以上に上ると計算されている」との記述を「基地に関連した収入の額は、軍用地の借地料や基地で働く日本人の給与などで毎年約二千億円と計算されている」と訂正したこと、などである。

これらのやり取りを通じて感じられたことは、帝国書院が沖縄の現状や沖縄振興予算の設立趣旨・目的、戦後史、経済の状況を恣意的に歪曲しようとしているのではないか、若しくは知識が極めて乏しいのではないかということである。

また政府も「訂正の記述が誤りでないことが確認できた」というならば、次世代を担う子ども達が使う教科書のチェック体制としては余りにもお粗末であると言わざるを得ない。

これらを踏まえて以下お尋ねする。

一　沖縄県の経済が基地に依存しているか否かについては、県民総所得に占める基地関連収入の割合が日本復帰の一九七二年は十五・五％であったが、二〇一二年は五・四％に減っていることから、県経済は最早基地に依存していないとの認識を強くしているところである。さらに、返還された米軍基地跡地の経済波及効果が那覇市の那覇新都心で生産誘発額が返還前の五十七億円から二十八倍の千六百二十四億円、雇用者で百六十八人から九十三倍の一万五千五百六十人に増加していること、さらに北谷町の桑江・北前地区でも同様に生産誘発額が三億円から百十倍の三百三十億円に、雇用者が三千三百六十八人に皆増していることなどからすれば、沖縄県及び県民は、基地は「百害あって一利なし」ということと、「基地を早急に撤去し県民が利用する」ことこそが沖縄県経済の振興や活性化に繋がる最短・最善の手法であると認識しているところである。政府の認識はどうか。

（答弁一）

沖縄県における駐留軍用地跡地の有効かつ適切な利用の推進に関する特別措置法（平成七年法律第百二号）第二条第二号に規定する駐留軍用地跡地の有効かつ適切な利用は、沖縄県の自立的な発展及び潤いのある豊かな生活環境の創造に資するものであると認識している。

政府としては、在日米軍の抑止力を維持しつつ、沖縄の負担軽減を図るべく、これまでの日米合意を踏まえ、普天間飛行場の移設、嘉手納飛行場以南の施設及び区域の返還、北部訓練場の過半の返還等に取り組むこととしている。

（質問二及び四から六）

二　沖縄振興予算は、沖縄振興特別措置法第一条において、同法に基づき策定される沖縄振興基本方針及び十カ年を目途とした沖縄振興計画に基づく事業を推進する等特別の措置を講ずることにより、沖縄の自主性を尊重しつつその総合的かつ計画的な振興を図り、もって沖縄の自立的発展に資するとともに、沖縄の豊かな住民生活の実現に寄与することを目的とすることが明確に規定されているところである。しかし、今回の帝国書院の訂正文及び文部科学省の対応を鑑みると、その予算及び法律の制定経緯や趣旨、目的を正確に把握・認識し履行しようとしているのか、疑問を持たざるを得ないところである。

このため敢えて、昭和四十六年十一月十日に開催された衆議院「沖縄及び北方問題に関する特別委員会」における山中国務大臣の発言を敷衍すると、①沖縄は、先の大戦において最大の激戦地となり、全島ほとんど焦土と化し、沖縄県民十余万のとうとい犠牲者を出したばかりか、戦後引き続き二十六年余の長期間にわたりわが国の施政権の外に置かれ、その間、沖縄百万県民はひたすらに祖国復帰を叫び続けて今日に至っている、②われわれ日本国民及び政府は、この多年にわたる忍耐と苦難の中で生き抜いてこられた沖縄県民の方々の心情に深く思いをいたし、県民への償いの心をもって事に当たるべきである、ことが克明に明らかにされている。

これらを踏まえても、なお政府は、沖縄振興予算が「県外との格差是正や社会基盤の整備」ではなく、「米軍施設が沖縄県に集中していることなど、様々な特殊事情を考慮して振興資金を沖縄県に支出している」とするのか、政府の認識を伺う。

四　沖縄振興予算は、必要な事業を積み上げた総額ベース（一括計上方式）で算出するため、個々の事業毎に予算要求する他県と比べ、「別枠の予算」が特別に上乗せされているわけではない。それにもかかわらず、今回の帝国書院の「毎年三千億円沖縄県に支出」の訂正文及び政府の「訂正の記述が誤りでないことが確認された」との対応からすれば、あたかも「沖縄の自主性を尊重しつつその総合的かつ計画的な振興を図り、もって沖縄の自立的発展に資するとともに、沖縄の豊かな住民生活の実現に寄与する」ための予算と別枠で予算が上積されているかの如く受けとめられることになる。沖縄振興予算は、基地の見返りとして多額の予算が投じられているという認識を政府は持っているのか。そうでないならば、政府は再度、帝国書院に対して訂正を指示するべきではないか。

五　二〇一三年度の沖縄県の決算額で、（市町村分を含む）国庫支出金は三千七百三十七億円で全国十一位、地方交付税は三千五百九十三億円で十五位、合計は七千三百三十億円で十四位、人口一人当たりでは国庫支出金と地方交付税の合計で六位となっており、決して沖縄県だけが優遇されているわけではない。政府は、あたかも沖縄県だけが「米軍基地あるが故に優遇されている」との誤解を与える帝国書院の記述の訂正を指示するべきではないか。

六　沖縄県民は、米軍基地の撤去や過重な基地負担の軽減、平和で安心、安全な生活を希求しているのであり、帝国書院が訂正記述しているように無条件で「基地を容認」しているわけではない。ましてや諸手を挙げて賛成しているわけではない。政府は基地に関する沖縄県民の様々な意見や思いを的確に教科書に記述・表現するよう、帝国書院に記述の訂正を指示するべきではないか。

右質問する。

（答弁二及び四から六）

沖縄振興予算の総額は、沖縄振興を推進するために必要な額を積み上げたものである。

また、教科書において、学習指導要領を踏まえどのように記述するかについては、欠陥のない範囲において申請図書の発行者等の判断に委ねられているところ、御指摘の記述についても、発行者の判断で訂正の申請がなされ、文部科学省において、当該訂正の内容について高等学校教科用図書検定基準（平成二十一年文部科学省告示第百六十六号）に掲げる各項目に照らして適切であるかどうかを審査した上で、承認したものである。

（質問三）

三　政府は、沖縄振興特別措置法第一条で規定する「沖縄の置かれた特殊な諸事情」や山中国務大臣の「県民への償いの心をもって事に当たるべきである」との思いをどう認識しているか。

（答弁三）

政府としては、御指摘の点も踏まえ、沖縄の振興に全力で取り組んでいくことが重要であると認識している。

2　高校歴史教科書の記述是正問題を問う

第一九二臨時国会　質問第一九四号

沖縄戦での「日本軍による住民の集団強制自決」の記述の回復と教科書検定意見の撤回に関する質問主意書

（質問一から三）

沖縄戦での「日本軍による住民の集団強制自決」の記述の回復と教科書検定意見の撤回に関しては、平成二十七年六月十日付質問主意書第二六二号で質問を行い、六月十九日付で答弁を得たところである。その際行った質問で、検定意見の撤回と記述の回復を行うべきではないかと質したところ、教科用図書検定調査審議会の審議に基づき付されたものであること、訴訟が提起されていることを直接の根拠とするものではないこと、記述をどのようにするかは申請図書の発行者の判断に委ねられていること、制度の見直しは考えていないこと等の理由から、検定意見の撤回や記述の回復は困難であると一蹴した答弁を行っている。

しかし、本職が平成二十八年四月十四日付質問主意書第二四七号で行った「沖縄の経済や沖縄振興予算、米軍基地等に関する公民教科書の誤記載の是正に関する質問主意書」に基づき、記述の訂正を質した結果、極めて不十分ではあるが、記述が一部訂正されるという結果に結びついた。

また、本職を始め「九・二九県民大会決議を実現させる会」の九年余の地道な活動の結果、去る十月三日に高校歴史教科書で「沖縄戦の集団自決」に関する記述についても、僅かではあるが一部訂正されており、沖縄戦の実相を子供たちに正しく伝えるという取り組みが、地道ではあるが、着実に実を結んでいるところである。

これらを踏まえて以下お尋ねする。

一　二〇一七年度から使用される山川出版社の高校歴史教科「詳説日本史Ｂ」の記述を訂正した理由と目的は何か、政府の見解を答えられたい。

二　山川出版社が訂正申請に及んだのは、文部科学省又は教科用図書検定調査審議会の指摘乃至指導、或いは文部科学省が独自に定める教科書検定に関する記述等いずれに基づくものか、政府の見解を答えられたい。

三　申請図書の発行者が記述の訂正を申し出た場合に、文部科学省又は教科用図書検定調査審議会が適当と認めて承認する理由について政府の承知するところを明らかにした上で、今回の山川出版社の訂正理由と目的に対する政府の見解を答えられたい。

（答弁一から三）

教科書において、学習指導要領を踏まえどのように記述するかについては、欠陥のない範囲において申請図書の発行者等の判断に委ねられているところであり、個々の記述の理由や意図についてお答えする立場にないが、文部科学省としては、高等学校教科用図書について、高等学校教科用図書検定基準（平成二十一年文部科学省告示第百六十六号）に掲げる各項目に照らして適切であるかどうかを審査した上で、検定の決定及び訂正の承認を行っているところである。

その上で、御指摘の記述の訂正の承認を含め、沖縄の集団自決に関する記述の検定の決定及び訂正の承認については、先の答弁書（平成二十七年六月十九日内閣衆質一八九第二六二号。以下「先の答弁書」という。）五及び六について述べた、「平成十八年度検定決定高等学校日本史教科書の訂正申請に関する意見に係る調査審議について（報告）」（平成十九年十二月二十五日教科用図書検定調査審議会第二部会日本史小委員会）において示された「基本的とらえ方」をも踏まえて行っているところである。

（質問四）

四　大江健三郎・岩波書店沖縄戦裁判において、事実関係の争点であった原告及び被告のそれぞれの主張、最高裁判所の判断、とりわけ「渡嘉敷島の集団自決と赤松の関与」について政府の承知するところをそれぞれ明らかにした上で、確定した最高裁判所の判例に対する政府の見解を答えられたい。

（答弁四）

お尋ねは、私人間の個別具体的な事件における裁判所の判断に関するものであり、お答えを差し控えたい。

（質問五）

五　文部科学省は、教科書の記述を検定・承認する際の各教科固有の条件として、平成二十一年三月四日付文部科学省告示第三十三号においては「義務教育諸学校教科用図書検定基準」の中で「社会科（「地図」を除く。）二(四)」として、また平成二十一年九月九日付文部科学省告示第百六十六号においては「高等学校教科用図書検定基準」の中でも「地理歴史科（「地図」を除く。）」では「一(三)」により、「公民科」では「一(五)」により、それぞれ「閣議決定その他の方法により示された政府の統一的な見解又は最高裁判所の判例が存在する場合には、それらに基づいた記述がされていること。」と基準を定めているところであるが、この基準を新たに定めて公表した背景と理由、目的をそれぞれ明らかにされたい。

（答弁五）

文部科学省においては、平成十八年に改正された教育基本法（平成十八年法律第百二十号）にのっとってバランス良く記載され、採択権者が責任を持って選んだ教科書で子供たちが学ぶことができるよう、教科書の編集・検定・採択の各段階において、必要な制度改善を行うことを目指し、平成二十五年十一月十五日に、今後の教科書改革に向けた総合的な政策パッケージとして「教科書改革実行プラン」を発表したところであり、その一環として、平成二十六年一月十七日に、児童生徒の多面的・多角的な考察に資するよう、御指摘の義務教育諸学校教科用図書検定基準（平成二十一年文部科学省告示第三十三号）及び高等学校教科用図書検定基準（以下これらを合わせて「教科用図書検定基準」という。）について、それぞれ「閣議決定その他の方法により示された政府の統一的な見解又は最高裁判所の判例が存在する場合には、それらに基づいた記述がされていること」との規定（以下「当該規定」という。）を加える改正を行ったところである。

（質問六）

六　質問四及び五に関連して、見直されて告示された「義務教育諸学校教科用図書検定基準」及び「高等学校教科用図書検定基準」は、その附則によれば、いずれも「平成二十八年度以降の使用に係る教科用図書の検定から適用する」ことになっているが、今回の山川出版社の高校歴史教科「詳説日本史B」の訂正と承認を含めて、これまで同検定基準を適用した事例について政府の承知するところを明らかにされたい。

（答弁六）

お尋ねの「同検定基準を適用した事例」の意味するところが必ずしも明らかではないが、当該規定に基づき検定意見を付した事例としては、例えば、平成二十六年度における中学校の社会科の申請図書に係る検定において「指摘事項」が「「東京裁判」（全体）」、「指摘事由」が「政府の統一的な見解に基づいた記述がされていない」である検定意見を付した事例や、平成二十七年度における高等学校の地理歴史科の申請図書に係る検定において「指摘事項」が「「戦後補償を考える」（全体）」、「指摘事由」が「政府の統一的な見解に基づいた記述がされていない」である検定意見を付した事例がある。

（質問七）

七　質問四から六までに関連して、大江健三郎・岩波書店沖縄戦裁判の最高裁判所の判決が下されたのは平成二十三年四月二十一日であり、文部科学省の「義務教育諸学校教科用図書検定基準」及び「高等学校教科用図書検定基準」が見直されて告示されたのは平成二十一年の三月乃至九月である。この日時は原告側が第二審の判決を不服として最高裁判所に上告していた時である。また、沖縄戦での「日本軍による住民の集団強制自決」の記述の回復と教科書検定意見の撤回を求めるため、沖縄県民十一万六千人余が結集した県民大会が開催され、政府に大会決議の実現を要望したのは平成十九年九月二十九日であるが、この時に政府は「地方裁判所での裁判中であるからコメントできない」とした。その後、本職が平成二十七年六月十日付質問主意書第二六二号で質問したところ「検定意見は裁判とは関係ない」とするなど、二転三転の異なる対応となっている。これらを踏まえると、政府は当初裁判で勝訴することを前提として、その判例を基に「教科用図書の検定基準」とすることを目論んだのではないかと思われるが、政府の見解を答えられたい。

(答弁七)

御指摘の「文部科学省の「義務教育諸学校教科用図書検定基準」及び「高等学校教科用図書検定基準」が見直されて告示されたのは平成二十一年の三月乃至九月である。この日時は原告側が第二審の判決を不服として最高裁判所に上告していた時である」の意味するところが必ずしも明らかではないが、教科用図書検定基準について当該規定を加える改正を行ったのは平成二十六年一月であり、御指摘の「大江健三郎・岩波書店沖縄戦裁判」の最高裁判所の裁判があった平成二十三年四月より後である。その上で、お尋ねの「政府は当初裁判で勝訴することを前提として、その判例を基に「教科用図書の検定基準」とすることを目論んだのではないか」の意味するところが必ずしも明らかではないが、当該改正を行ったのは「平成二十一年の三月乃至九月」ではなく、当該改正は「当初裁判で勝訴することを前提」としたものではないことから、「その判例を基に『教科用図書の検定基準』とすることを目論んだのではないか」との御指摘は当たらない。

（質問八）

八　質問七に関連して、政府が「教科用図書の検定基準」の中で「最高裁判所の判例が存在する場合には、それらに基づいた記述がされていること」が明確に位置付けられているのであるから、沖縄県民が望んでいる「沖縄戦での「日本軍による住民の集団強制自決」」の記述の回復と教科書検定意見の撤回」を直ちに全教科書において行うべきではないか、政府の認識と見解を答えられたい。

右質問する。

（答弁八）

一から三までについてでお答えしたとおり、教科書において、どのように記述するかについては、欠陥のない範囲において申請図書の発行者等の判断に委ねられている。また、先の答弁書五及び六についてでお答えしたとおり、御指摘の検定意見は、その当時の教科用図書検定調査審議会の専門的な審議の結果によるものであり、当該検定意見を撤回することは考えていない。

なお、先の答弁書四についてでお答えしたとおり、当該検定意見は、沖縄における集団自決について、集団自決された沖縄の住民の全てに対して、自決の軍命令が下されたか否かを断定できない中で、全ての集団自決が軍の命令で行われたと誤解されるおそれがあるとの趣旨で付されたものである。

3　質問主意書のあり方を問う

第一九三通常国会　質問第二九四号

質問主意書に対する政府答弁書の現況と望ましいあり方に関する質問主意書

（質問一）

本職は、国会議員としての質問主意書を重要な追及の手段として位置付け、また閣議決定を経て示される政府答弁書を高く評価してきた。

しかし、近年、本職の質問主意書に対して「お尋ねの趣旨が必ずしも明らかではない」とか、「○○の意味するところが必ずしも明らかではない」とかの言い回しを冒頭で行った後に、答弁を留保したり、拒否したり、挙句の果ては質問の趣旨と全くかけ離れた一般的な答弁に終始したりするケースが多く見受けられるようになっている。
このような状況の理由と政府の真意を計りかねていたところ、五月九日付の毎日新聞が、二〇〇〇年以降の政府答弁書約一万二千五百件中、本職への政府答弁書と同様の言い回しがあったのは約千三百件で、このうち第二次安倍内閣以降が約六割超えの八百六十件に及んでいることをつぶさに明らかにするとともに、そのような言い回しの目的が「論点外し」や「内容が雑」、「次の追及までの時間稼ぎ」であると指摘していることを知り、かねてからの疑問が解消された。
そこで以下お尋ねする。

一　政府は、五月九日付の毎日新聞の「質問主意書に『意味するところが不明』」との報道を承知しているか明らかにされたい。

（答弁一）

御指摘の報道については承知している。

（質問二、五及び六）

二　質問一に関連して、報道では政府答弁の現況を具体的な件数で細かに明らかにするとともに、識者の批判などを織り交ぜて政府の姿勢を厳しく糾弾しているが、報道内容で明らかになった現況と答弁のあり方に対する批判について政府の認識と見解を答えられたい。

五　政府が近年「お尋ねの趣旨が必ずしも明らかではない」とか、「〇〇の意味するところが必ずしも明らかではない」とかの言い回しを多用するようになった背景や目的、理由を明らかにされたい。

六　本職は、仮に質問主意書の内容が明確でなく、質問の真意を的確に把握できないならば、政府が一刀両断に「答弁を留保」したり、「答弁を拒否」したり、「異なる説明」を行ったりするのではなく、質問者への口頭での再確認や真意の忖度等の積極的なフォローアップを行うべきであると考えるが、政府の認識と見解を答えられたい。

（答弁二、五及び六）

政府としては、従来より、質問主意書に対して国会法（昭和二十二年法律第七十九号）の規定等に従い、誠実に答弁をしてきたところであり、引き続き適切な対応をしてまいりたい。

（質問三、四）

三　政府答弁で見受けられる「お尋ねの趣旨が必ずしも明らかではない」とか、「〇〇の意味するところが必ずしも明らかではない」とかの言い回しは、特定の省庁だけではなく、全省庁に共通して行われているところであるが、表現や使い方が余りにも統一的であることから、政府全体で統一の運用方針や基準を定めているのではないかと思われるが、政府の認識と見解を答えられたい。

四　質問三に関連して、近年、政府答弁書におけるこのような言い回しが頻繁に見受けられるようになっていることに鑑みると、政府が積極的にこのような言い回しを行うよう指示しているのではないかと思われるところであるが、政府の認識と見解を答えられたい。

（答弁三、四）

御指摘のような事実はない。

（質問七、八）

七　本職は、時間稼ぎとの批判を解消するために、国会開会中に限定されている質問主意書の提出や、先例で三回までと限定されている質問回数を見直し、通年、何回でも質問できるように改善すべきであると考えている。質問主意書の制度については国会で協議すべき事柄であるが、政府の協力が必要である。政府は本職の考えに同意するか。

八　議員と政府との健全な質問と答弁のやり取りを可能とするための望ましいあり方について政府の

認識と見解を答えられたい。
右質問する。

（答弁七、八）

「国会開会中に限定されている質問主意書の提出や、先例で三回までと限定されている質問回数を見直し、通年、何回でも質問できるように改善すべき」かとのお尋ねについては、国会において適切に判断されるべき事柄と考える。いずれにせよ、二、五及び六についてで述べたように、政府としては質問主意書に対して国会法の規定等に従い、引き続き誠実に答弁をしてまいりたい。

４　辺野古海域の海底地盤の軟弱性を問う

第一九三通常国会　質問第三七三号

辺野古新基地建設工事の護岸造成工事やボーリング調査のあり方に関する質問主意書

（質問一）

政府は沖縄県民の民意を無視して辺野古新基地建設を強権的に進めようとしているが、護岸造成やボーリング調査に関して工事計画書と異なる方法等が用いられている可能性がある。

そこで以下お尋ねする。

一　政府は、工事計画書において、Ｋ—九傾斜堤護岸の基礎となる捨て石を保護するため被覆ブロックや消波ブロックを用いることを記述しているが、その被覆ブロック及び消波ブロックの構造や大きさ、重量等については一切明らかにしていない。問い合わせたところ「重量で積算しており、どのような構造物になるかは今後の協議である」とのことである。そうであるならば、護岸別に被覆ブロックや消波ブロックの重量を決定する際の基礎的な判断材料となった潮流の大きさや方向等について政府の承知するところを明らかにした上で、被覆ブロックや消波ブロックの構造や大きさ等によって、護岸の基礎となる捨て石の大きさや材質、容積、さらには護岸等工作物の構造（断面）自体が変更を余儀なくされる可能性が生じるか否かについて政府の認識と見解を答えられたい。

（答弁一）

お尋ねの「護岸別に被覆ブロックや消波ブロックの重量を決定する際の基礎的な判断材料となった潮流の大きさや方向等」については、データが膨大となることから網羅的にお答えすることは困難である。また、普天間飛行場代替施設建設事業において使用する被覆ブロック及び消波ブロックは、製造業者により形状等が異なることから、護岸の基礎捨石の量が変動することはあるが、「被覆ブロックや消波ブロックの構造や大きさ等」によって護岸断面を変更することはない。

（質問二及び三）

二　政府が埋立工事のアリバイ作りとして強権的に進めているＫ―九護岸の築造現場では、工事計画書で記載されている捨て石や被覆ブロック、消波ブロックを用いずに、本来は仮設工法である、ひし形金網製の籠状構造物の中に自然石や砕石等を中詰めしたふとん籠を用いているのが確認されている。なぜ工事計画書と現場での実際の施工が異なっているのか、その理由や目的、経緯について政府の認識と見解を答えられたい。

三　質問二に関連して、仮設工法であるふとん籠から、工事計画書で使用することになっている捨て石や被覆ブロック、消波ブロックにいつ置き換える予定なのか、その際にはどのような工法で置き換える考えなのか、などについて政府の認識と見解を答えられたい。

（答弁二及び三）

普天間飛行場代替施設建設事業における護岸工事については、工事の安全確保等の観点から、まずは仮設物を用いて施工しているところであり、工事の進捗に応じ当該仮設物を被覆ブロック及び消波ブロックに置き換える計画であるが、その時期等については、工事の進捗、気象・海象等に影響を受けることから確たることをお答えすることは困難である。

（質問四から七まで）

四　政府は、シュワーブ（H二十六）ケーソン新設工事（一工区）の詳細施工計画書（ボーリング工）

の工事概要において、深田サルベージ建設所有の多目的作業船ポセイドン一を使用してケーソン新設工事に伴う確認ボーリングを行うことを特命している。ところでこのポセイドン一は二〇一五年六月に完成したばかりの新造船であり、総トン数四千トンで三千メートルの深海底下を百五十メートル掘削し、地層サンプルを採取できる「海底着座型ボーリング機」や、遠隔操作無人探査機、自立型無人潜水機、自動船位保持装置、航海データ自動記録装置、瞬時に船位や調査結果等の記録を電子情報として表示する装置等を備えており、様々な条件下で多様な海底資源調査を効率よく実施できる多目的海洋調査船である。このような最新の機器を備えた多目的海洋調査船を、浅海域においてしかも僅か二十四カ所でしかないボーリング調査にあえて使用した意図や理由、目的、経緯、成果等について政府の認識と見解を答えられたい。

五　質問四に関連して、政府が最新の機器を備えた高性能の多目的海洋調査船であるポセイドン一を特命するに当たって、当然比較検討したであろう費用対効果や、調査結果・成果、さらには海上ボーリング調査では一般的かつ頻繁にはスパット台船と大型クレーンが使用されていることからその経費と成果等も比較検討の対象としたものと思われることから、それらについて政府が承知するところを明らかにした上で、ポセイドン一でなければ辺野古新基地建設に係るボーリング調査を担い得ないと判断した根拠について政府の見解を答えられたい。

六　政府がポセイドン一を使用するための契約の方法と目的、内容、金額、工事内容、工事の段取りや期間等について政府の承知するところを明らかにした上で、政府が請負業務契約においてポセイドン一を特命したこととの妥当性について政府の見解を答えられたい。

七　ポセイドン一は、二月六日から四月十九日までの二カ月半かけて調査を実施したことが確認されている。

その航跡を「ライブ船舶マップ」等を駆使して解析すると、ケーソン新設工事に伴う確認ボーリング箇所とは明らかに異なる「C―三護岸築造予定海域の沖合二百メートル付近の海域」や「海上ヤード付近の海域」等において、十メートルピッチで東西南北を縦横にしかも二十四時間以上の連続航行で調査したことが明らかになっている。このような調査は、従来のボーリング調査が作業船を定位置に固定して標準貫入試験を行う地盤調査とは全く異なる調査であり、そのやり方からして海底地形調査や地層調査、資源採集等の調査を行ったものとしか考えられない。よって、ポセイドン一が実施したボーリング調査や海底地形調査、地層調査、資源採集等に関する箇所の詳細な位置と範囲、調査方法、調査目的、調査を行った理由、調査結果の内容等について政府の承知するところを明らかにした上で、なぜ工事概要に記載されていない確認ボーリング調査以外の調査を実施できるのか、なぜ二十四箇所以外の海域で調査を実施できるのか、などについて政府の見解を答えられたい。

（答弁四から七まで）

お尋ねの趣旨が必ずしも明らかではないが、沖縄防衛局は、普天間飛行場の一日も早い移設・返還の実現に向け、水深の深い場所等のボーリング調査を速やかに実施するため、定点保持装置等を備えている船舶による調査方法を採用し、工事請負契約の変更契約を行った上で、平成二十九年二月八日から同年四月十七日まで調査を行ったものである。

お尋ねの「ポセイドン一」の使用に係る経費については、変更契約後の工事請負契約の金額に含まれているが、現在、当該契約の履行中であることから、当該金額のうち、当該経費に係る部分を特定して把握することは困難である。また、お尋ねの「ポセイドン一」が実施したボーリング調査の結果については、受注者において現在取りまとめているところであるが、その調査箇所は十五か所であり、その位置については、世界測地系の座標値で、①X座標五万八千六百三十八・七八七八、Y座標五万四千八百五十七・一六一八、②X座標五万八千九百十七・八七六四、Y座標五万五千二百二・〇三二二、③X座標五万八千七百六十九・七一五一、Y座標五万五千三百五十四・六四一四、④X座標五万八千七百六十六・一四三九、Y座標五万五千二百七十六・三六五五、⑤X座標五万八千七百六・三九七二、Y座標五万五千三百六十・七八一一、⑥X座標五万八千三百一・四〇一二、Y座標五万五千三百五十三・二四一二、⑦X座標五万八千二百四十三・〇四〇二、Y座標五万五千七百八十八・五八六三、⑧X座標五万八千百二十・一三九六、Y座標五万五千七百三十七・七六四八、⑨X座標五万八千二百六・三五九二、Y座標五万五千六百八十六・五二八五、⑩X座標五万八千四百七十・一五六〇、

Y座標五万五千二百三十八・九九九三、⑪X座標五万八千六百三十五・〇七二一、Y座標五万五千四百三十・八七二一、⑫X座標五万八千四百四十五・五七〇六、Y座標五万五千四百四十・六二七二、⑬X座標五万八千五百四十六・一一三八、Y座標五万五千四百九十二・五八四八、⑭X座標五万八千二百二十・三一七一、Y座標五万五千三百八十三・九六七三及び⑮X座標五万八千六百八十三・六一二三、Y座標五万四千九百十・三四七七である。

（質問八）

八　識者は、沖縄本島北部の地層に多く分布する琉球石灰岩は強度のばらつきが大きく、重量構造物の支持層となり得るN値五十以上の硬い岩盤層としては適さないと指摘するが、政府の認識と見解もその通りであると考えてよいか、明らかにされたい。

（答弁八）

お尋ねの趣旨が必ずしも明らかではないが、普天間飛行場の一日も早い移設・返還の実現に向け、引き続き普天間飛行場代替施設建設事業を適切に進めていく考えである。

（質問九及び十一）

九　米軍が一九四九年に、軍事基地の本格的な建設に向けて作成した「基本地図」の一つに「軍用地形図」がある。その地形図では埋立予定海域の大部分の地質がサンゴ礁や砂地であることが記載されているが、識者はその地下に琉球石灰岩の堆積という軟弱地盤の存在を指摘している。米軍が嘗て辺野古に新基地を建設しようと目論んで断念せざるを得なかった理由の一つに、大浦湾や辺野古崎の海域の地盤が琉球石灰岩で軟弱であることが挙げられているところであり、政府も同海域の地盤については軟弱地盤であるとの認識と見解を持たざるを得ないものと考えるが、政府の認識と見解を答えられたい。

十一　質問九及び十に関連して、大浦湾や辺野古崎について米軍作成の「軍用地形図」が一九四九年に作成され、またこれまでの多くの調査結果や知見が公表されていることからして、政府は大浦湾や辺野古地先海域に複雑な海底地形と軟弱地盤が存在することを承知しているはずである。それにもかかわらず、政府の工事計画書ではケーソン護岸の基礎となるべき海底地形が平坦で、しかもケーソンを支えることが出来る強固な支持地盤が確保されていることになっており、現場の実態を無視した設計となっている。このような設計を行った理由や目的等について政府の承知するところを明らかにした上で、絶壁や急斜面等の複雑な海底地形を克服するためには基礎の捨て石の投入量を大幅に増やすとともに、急斜面から捨て石が転がり落ちることを防ぐために個々の捨て石へコンクリートを打設して一体化することや、軟弱地盤である海底の地盤を改良すること等当初の計画と設計になかった方法や工法を講じる必要があると思われるが、政府の認識と見解を答えられたい。

（答弁九及び十一）

お尋ねの「軍用地形図」が具体的に何を指すのか必ずしも明らかではないが、普天間飛行場代替施設建設事業が実施される区域における地盤の状況については、ボーリング調査等により確認を行いながら護岸工事を適切に進めていく考えである。

（質問十）

十　質問九に関連して、「軍用地形図」では辺野古崎南側、リーフと呼ばれる遠浅な沿岸部、北側の大浦湾の地形に沿って広がるサンゴ礁群と水深が詳細に示され、大浦湾にせり出す新基地の滑走路先端部分に当たる護岸部分は、水深数メートルから二十数メートルの絶壁がそびえており、さらにその先には五十メートルを超える深海が広がるなど複雑な海底地形が見られている。このため、米軍はこのようなところに新基地を建設することを断念せざるを得なかったと言われているが、このことについて政府の認識と見解を答えられたい。

（答弁十）

お尋ねの「軍用地形図」が具体的に何を指すのか必ずしも明らかではないが、お尋ねは、米軍の判断に関することであり、政府としてお答えする立場にない。

（質問十二）

十二　辺野古新基地の東側護岸（C護岸）が築造される海域は、五十メートルの水平距離に対して、C―一護岸では三十メートルから三十五メートルに、C―三護岸では十五メートルから三十五メートルに、A護岸では五メートルから二十五メートルに、それぞれ水深が急激に変化しており、絶壁がそびえたっているとしか言いようがないほどに急斜面で複雑な海底地形となっているが、このような絶壁が至る所に存在する複雑な海底地形に杭を打ち込んで護岸を築造することは可能か、絶壁や急斜面を崩落させることにならないか、重量構造物を支える強固な支持地盤を確保することが出来るのか、などについて政府の認識と見解を答えられたい。

（答弁十二）

お尋ねの趣旨が必ずしも明らかではないが、御指摘の「C護岸」に係る護岸工事の計画については、当該護岸の構造を含め、平成二十五年十二月二十七日に公有水面埋立法（大正十年法律第五十七号）第四十二条第一項の規定に基づく沖縄県知事の承認を受けたところ、現在、当該護岸の実施設計中であり、今後、当該実施設計に基づき工事を適切に進めていく考えである。

（質問十三及び十四）

十三　政府は、ケーソン新設工事に伴う確認ボーリング調査として今回二十四カ所行うとしているが、僅か二十四カ所のボーリング調査で、巨大な構造物となるケーソンの重量を支えることができる頑丈な地盤を確認できるのか、ボーリング調査の数としては余りにも少なすぎるのではないか、辺野古新基地の埋立面積や築造護岸の総延長等を考えた場合適当とすべきボーリング数は何カ所が妥当か、などについて政府の認識と見解を答えられたい。

十四　質問十三に関連して、政府は辺野古崎のような浅瀬でのボーリング調査は多く実施しているが、大浦湾の深場や複雑な海底地形、急斜面でのボーリング調査はあまり実施しておらず、また経験も有していないものと思われるが、政府の認識と見解を答えられたい。

右質問する。

（答弁十三及び十四）

お尋ねの趣旨が必ずしも明らかではないが、普天間飛行場代替施設建設事業に際し、ボーリング調査をこれまでも必要に応じ適切に実施しているところであり、今後も必要なボーリング調査を行いながら当該事業を進めていく考えである。

5 米海兵隊の沖縄駐留の欺瞞性を問う

第一九三通常国会　質問第三九三号

政府と沖縄県が争う「沖縄県名護市辺野古への新基地建設問題」解決の前提となる沖縄の現状についての政府の基本認識に関する質問主意書

（質問一、二、四、五及び十一）

「沖縄県名護市辺野古への新基地建設問題」を抜本的に解決し、膠着している政府と沖縄県の関係を改善するためには沖縄県民が切望する「世界一危険な普天間飛行場の即時閉鎖と県外・国外への移転を図る」という原点に立ち戻って、問題の洗い出しと見直しを行うことが必要であると思われる。

そこで以下お尋ねする。

一　政府は、海兵隊は沖縄に駐留するべきであると主張している。このような主張は海兵隊を運用する米国政府の考えに基づくものなのか、それとも日本政府独自の判断や見解に基づくものなのか明らかにされたい。

二　質問一に関連して、政府は、防衛白書においても沖縄駐留の理由について同様な解説を行っているが、それも米国政府の意向を反映しているものか、それとも日本政府独自の判断や見解に基づくものなのか明らかにされたい。

四　三十一ＭＥＵは長崎県佐世保の強襲揚陸艦で移動し、アジア太平洋全域を巡回する。電車に例えると、始発駅が長崎で乗車駅が沖縄、目的地はアジア太平洋全域である。乗車駅が熊本や鹿児島ではなく、「沖縄が唯一」とする理由を明らかにされたい。

五　政府は、海兵隊の訓練場が沖縄に存在するため、地上部隊を沖縄から動かすことができないことや、連動する航空団（普天間配備）も沖縄に駐留する必要があること、などの論理を主張する。そうであるならば、訓練場の施設機能を沖縄県外へ移転すれば、三十一ＭＥＵは何も沖縄でなくてもよいとの理屈になり得るが、政府の認識と見解を答えられたい。

十一　政府は、辺野古における海兵隊の新基地建設に当たって、沖縄の地理的優位性をことさら強調する。そうであるならば、朝鮮半島と台湾海峡（以下「同二箇所」と言う）について、沖縄から同二箇所までの距離と、強襲揚陸艦がある長崎県から同二箇所までの距離を明らかにし、その比較を行った上で、沖縄と長崎のいずれかに海兵隊の本拠地や訓練場、強襲揚陸艦の所在港を置いた場合の地理的優位性について政府の認識と見解を答えられたい。

（答弁一、二、四、五及び十一）

沖縄は、米国本土、ハワイ等と比較して、東アジアの各地域に近い位置にあると同時に、我が国の周辺諸国との間に一定の距離をおいているという利点を有している。また、南西諸島のほぼ中央にあり、我が国のシーレーンに近いなど、安全保障上極めて重要な位置にある。こうした地理上の利点を有する沖縄に、司令部、陸上部隊、航空部隊及び後方支援部隊を統合した組織構造を有し、優れた機動性及び即応性により、幅広い任務に対応可能な米海兵隊が駐留することにより、種々の事態への迅速な対応が可能となっており、在沖縄米海兵隊は、抑止力の重要な要素の一つとして機能していると認識している。

在沖縄米海兵隊の沖縄県外への一括移転については、一般的には、沖縄ほどの地理的優位性が認められない、広大な土地の確保に多大な時間を要するといった問題点があるものと認識している。また、沖縄からソウル及び台北までの距離は、それぞれ約千二百六十キロメートル及び約六百三十キロメートル、佐世保からソウル及び台北までの距離は、それぞれ約五百四十キロメートル及び約千二百キロメートルと承知している。

（質問三）

三　米軍再編により主力部隊がグアムなどへ分散配置することが決まっている。第三海兵師団を構成する全ての連隊は沖縄から撤退し、その結果、沖縄に残留する実戦部隊は第三十一海兵遠征隊（三十一ＭＥＵ）だけとなる。政府は「抑止力を維持するため」として海兵隊の沖縄駐留を必要不可欠としているが、実戦兵力がこれほど削減されることが決まっていてもなお抑止力が維持されるという根拠を明らかにされたい。

（答弁三）

平成二十四年四月二十七日付けの日米安全保障協議委員会共同発表において、約九千人の米海兵隊の要員がその家族と共に沖縄から日本国外の場所に移転されることを確認したが、高い即応性を有する第三十一海兵機動展開隊は沖縄に維持されること、ハワイやグアム等にも、様々な軍事作戦任務を行うための米海兵隊の基本的な組織である海兵空地任務部隊を配置することにより、地域における米海兵隊全体の対処能力が向上すること並びに事態の進展に応じて、各所から部隊が増強され、沖縄に残留する第三海兵機動展開部隊司令部、航空部隊及び後方支援部隊が、増強部隊の来援のための基盤となり、引き続き大規模な事態に迅速に対応できることから、我が国及び地域における米軍の抑止力は維持・強化されるものと認識している。

（質問六から八）

六　政府は、沖縄の訓練場にジャングル戦闘訓練センターが所在するため、海兵隊を沖縄から県外へ移転できないと主張する。そうであるならば、三十一ＭＥＵが沖縄に駐留する期間は年間何カ月で、そのうちジャングル戦闘訓練センターを活用する期間は年間何カ月か、また海外遠征する期間は年間何カ月か、などについて政府の承知するところを明らかにした上で、海兵隊が海外に遠征した場合であっても、ジャングル戦闘機能及びその練度維持のため、遠征先でもジャングル戦闘訓練を実施することが必要であると思われるが、政府の見解を答えられたい。

七　沖縄のジャングル戦闘訓練センターを他に移転するためにはどのような施設整備が必要か、その際の費用はどの程度見込まれるのか、どのような手順を踏む必要があるか、などについて政府の認識と見解を明らかにされたい。

八　質問七に関連して、政府は、沖縄のジャングル戦闘訓練センターを他に移転する検討を行ったことがあるか、行ったのであれば、その結果や反映した内容等について明らかにされたい。

（答弁六から八）

米軍の運用に関することについては、政府としてお答えすることは差し控えたいが、いずれにせよ、政府としては、米軍は、日本国とアメリカ合衆国との間の相互協力及び安全保障条約（昭和三十五年条約第六号）の目的達成のため、平素から必要な訓練を行っているものと認識している。また、政府としては、御指摘の「沖縄の訓練場にジャングル戦闘訓練センターが所在するため、海兵隊を沖縄から県外へ移転できない」と主張したことはなく、そのような移転についての具体的な検討も行ったことがないことから、移転やそれに伴う施設整備等についてお答えすることは困難である。

（質問九）

九　そもそも海兵隊は朝鮮戦争をきっかけに岐阜県、山梨県、静岡県及び奈良県に配備されていた。その時の日本への配備目的は、日米両政府が現在も沖縄への配備が必要とする「朝鮮情勢に対処するため」であった。しかし、強襲揚陸艦が長崎県佐世保に配備されるまでの間、海兵隊独自の輸送手段は皆無だったのである。このことからすれば、政府が主張する沖縄の地理的優位性や有事における海兵隊の移動・展開手段の必要性と整合性は破綻しており、政府のこれまでの主張は全く根拠のない話でしかない。嘗て本土に海兵隊が配備されていた時の状況を踏まえて、有事において海兵隊がどう展開するのかについて政府の認識と見解を答えられたい。

（答弁九）

お尋ねの「有事において海兵隊がどう展開するのか」については、米軍の運用に関することであり、政府としてお答えすることは差し控えたいが、一般論として申し上げれば、我が国の離島に万一緊急事態が発生した場合、沖縄の海兵隊航空部隊は、陸上部隊を航空機に乗せて現場に急行するといった運用もあるものと承知している。

（質問十）

十　質問九に関連して、嘗て本土に配備されていた海兵隊は、海兵隊員等による事件・事故が多発し、全国で基地反対運動が激化したため、一九五六年以降米軍統治下にあった沖縄へ移転したわけであるが、その移転理由は沖縄への差別とか不可視化とか様々な説があるが、未だ不明である。しかし、一九五〇年代には全国における米軍基地の割合は、沖縄が僅か一割でしかなかったところ、海兵隊の移転などにより現在と同様の七十四％の割合にまで一挙に増大させられたこととなる。一体なぜ全国で忌み嫌われていた海兵隊を沖縄に集中配備することにしたのか、その理由と目的、経緯について政府の認識と見解を答えられたい。

（答弁十）

個々の在日米軍施設・区域の返還の経緯等について、一概に申し上げることは困難であるが、いずれにせよ、沖縄県が戦後長らく我が国の施政権の外に置かれ、戦後七十年以上を経てもなお、大きな負担を負っていただいていることを重く受け止め、今後も、抑止力を維持しつつ、在日米軍施設・区域の整理・統合・縮小について、不断に取り組んでいく。

（質問十二）

十二　政府がこれまで行ってきた様々な検討の中に、米海兵隊の運用を変更するような案があったのか、あったのであればどのような結論・評価となったのか、また、運用変更による費用と辺野古新基地建設にかかる費用について比較したことがあるならば、その結果と反映した内容について政府の認識と見解を答えられたい。

（答弁十二）

お尋ねの「米海兵隊の運用を変更するような案」の意味するところが必ずしも明らかではないため、お答えすることは困難であるが、我が国を取り巻く安全保障環境が一層厳しさを増す中、普天間飛行場の辺野古への移設は、米軍の抑止力を維持しながら、同時に同飛行場の危険性を一刻も早く除去するための唯一の解決策であると考えている。

（質問十三）

十三　初の民間出身の防衛大臣であった森本敏氏は、平成二十四年六月十二日の衆議院予算委員会において「軍事的合理性ということを考えた時、ヘリ基地、訓練場及び司令部・補給地という海兵隊の持っている本質的な機能が揃っていれば日本のどこかに海兵隊の基地があればいいのであって、必ずしも沖縄でなくてもいい。しかし、いろいろな条件を満たすのが沖縄であり、辺野古しかないので、よって沖縄・辺野古にする」旨答弁した。さらに平成二十四年末の大臣退任会見においてはさらに踏み込んで「沖縄への海兵隊の駐留は地政学的及び軍事学的な理由ではなく、政治的な理由である」旨、明確に指摘している。この答弁と指摘は、政府の主張と真逆であり、本職はこの森本答弁等が正論であり、政府の本音であると考えるが、政府の認識と見解を答えられたい。

（答弁十三）

お尋ねの「この答弁と指摘は、政府の主張と真逆であり、本職はこの森本答弁等が正論であり、政府の本音である」の意味するところが必ずしも明らかではないが、御指摘の平成二十四年六月十二日の衆議院予算委員会における森本防衛大臣（当時）の答弁は、軍事的な観点からの沖縄の地理的な優位性を否定しているものではないと認識している。

（質問十四及び十五）

十四　日米防衛新ガイドラインにおいて、離島防衛は「自衛隊が主体、米軍は支援、補完」と規定されているが、それでは我が国の島嶼防衛における米海兵隊の具体的な態様や、自衛隊と米軍の共同作戦の具体的な態様とはガイドライン上如何なるものであるか、具体的に明らかにされたい。

十五　政府は、「尖閣諸島が日米安全保障条約第五条に基づく米国の対日防衛義務の適用対象である」とする米国の見解があるところ、尖閣諸島有事の際に米国が具体的にどのような行動をとると捉えているのかについて認識と見解を答えられたい。

（答弁十四及び十五）

お尋ねについては、個別具体的な状況に即して判断する必要があり、一概にお答えすることは困難である。

（質問十六）

十六　フィリピンやタイで実施される人道支援・災害救援活動（ＨＡ／ＤＲ）には米軍や自衛隊だけではなく、中国軍も参加している。このＨＡ／ＤＲの目的、内容、参加国の内訳等について政府の承知するところを明らかにした上で、ＨＡ／ＤＲが国境を越え敵味方の区別なく実施されることの意義と成果について政府の認識と見解を答えられたい。

（答弁十六）

お尋ねの「フィリピンやタイで実施される人道支援・災害救援活動（HA／DR）」の意味するところが必ずしも明らかではないため、お答えすることは困難であるが、例えば、防衛省・自衛隊は、平成二十五年十一月から同年十二月までの間、フィリピン共和国において医療・防疫活動、救助活動及び救援物資等の輸送等を主な業務とする、また、平成十六年十二月から平成十七年一月までの間、タイ王国及びその周辺海域において被災者の捜索及び救助活動を主な業務とする国際緊急援助活動を実施したところである。また、お尋ねの「HA／DRが国境を越え敵味方の区別なく実施されることの意義と成果」の意味するところが必ずしも明らかではないため、お答えすることは困難であるが、外国において大規模な自然災害が発生した際に支援を行うことは、人道上の観点のみならず、二国間関係の強化、国際社会における我が国の地位の向上といった外交上の観点からも意義が高いと認識している。

（質問十七）

十七　日米地位協定に基づき日本がアメリカに使用を認めた施設において、日本政府は「米海兵隊が何のために施設を使用しているのか」「どのような訓練を行っているのか」「どのくらいの期間施設を使用するのか」について照会し把握しているのか、把握しているのであれば、把握した際の回答の内容はどのようなものか、照会若しくは把握していないのであればその理由は何か、などについて政府の認識と見解を答えられたい。

（答弁十七）

在日米軍施設・区域の主な使用目的及び使用条件等については、昭和四十七年五月十五日等の日米合同委員会合意において明らかにされており、その他、必要に応じて米側に照会しているが、その内容は、在日米軍施設・区域ごとに異なるほか、米軍の運用に関するものもあるため、一概にお答えすることは困難である。

（質問十八）

十八　日本の防衛戦略上、三十一ＭＥＵはどういう位置付けか政府の認識と見解を答えられたい。

（答弁十八）

日米安保体制の下、在日米軍においては、緊急事態に迅速かつ機動的に対応できる態勢が平時からとられており、このような在日米軍のプレゼンスは、米国が有する核戦力や通常戦力とあいまって、抑止力として機能しているものと考えている。また、地理的な優位性を有する沖縄に、優れた機動性及び即応性を有し、幅広い任務に対応可能な第三十一海兵機動展開隊をはじめとする海兵隊等の米軍が駐留することは、日米同盟の抑止力を構成する重要な要素であり、我が国の平和と安全を確保する上で必要なものであると認識している。

（質問十九）

十九　辺野古案では集落の上空を飛行しないように二本の滑走路を建設する設計となっている。しかし、この設計では天候の急変の際、作戦上の柔軟な運用が妨げられる可能性がある。また、米政府監査院は「普天間飛行場の代替施設の滑走路が普天間より短く設計されているため、固定翼機の訓練や緊急時に対応できないと指摘している」と報道されている。このような指摘に対する政府の認識と見解を答えられたい。

右質問する。

（答弁十九）

米国の会計検査院により作成された報告書の内容について、政府としてお答えする立場にないが、普天間飛行場代替施設における滑走路の配置や長さについては、安全性及び運用上の所要等を考慮し、日米両政府間で合意しているものである。

6　在沖米軍の抑止力の真意を問う

第一九三通常国会　質問第四〇二号

政府と沖縄県が争う「沖縄県名護市辺野古への新基地建設問題」解決の前提となる沖縄駐留米軍の抑止力と存在意義についての政府の認識に関する質問主意書

（質問一）

「沖縄県名護市辺野古への新基地建設問題」を抜本的に解決し、膠着している政府と沖縄県の関係を改善するためには沖縄県民が切望する「世界一危険な普天間飛行場の即時閉鎖と県外・国外への移転を図る」という原点に立ち戻って、問題の洗い出しと見直しを行うことが必要であり、そのための質問主意書については、平成二十九年六月十二日付質問主意書第三九三号で提出したところであるが、それを補うため、以下お尋ねする。

一　海兵隊が沖縄で行う訓練と、日本国内、グアムやテニアン、オーストラリア、その他日本以外の外国で行う訓練の違いはあるか、またそれらの訓練を行う施設の違いはあるかについて政府の承知するところを明らかにした上で、違いの有無が生じる理由について政府の見解を答えられたい。

（答弁一）

米軍の運用に関することについては、政府としてお答えすることは差し控えたいが、いずれにせよ、政府としては、米軍は、日本国とアメリカ合衆国との間の相互協力及び安全保障条約（昭和三十五年条約第六号。以下「日米安保条約」という。）の目的達成のため、平素から必要な訓練を行っているものと認識している。

（質問二、八から十一まで、十三、十五及び十六について）

二　沖縄に米軍基地を集中させる理由や、海兵隊を駐留させる理由について地政学的、軍事的、政治的及び安全保障上の四つの観点から明らかにされたい。

八　三十一ＭＥＵの拠点はなぜ沖縄でなければならないのか、沖縄に駐留する必要性は何か、などについて具体的にその根拠を明らかにされたい。

九　三十一ＭＥＵは米国本土から六カ月のローテーションで交代配備され、沖縄から約七百Ｋｍ離れた長崎県佐世保市に所在する米海軍の揚陸艦に乗って東南アジア諸国を巡回している。そのため、沖縄に滞在するのは訓練と休養のために一年の三分の一に満たない期間である。また、海兵隊の主任務は非戦闘員救出作戦（ＮＥＯ）や人質の奪還、人道支援・災害救援活動（ＨＡ／ＤＲ）、同盟国軍との共同訓練である。三十一ＭＥＵが沖縄に駐留する妥当性と海兵隊の主任務についての政府の認識と見解を答えられたい。

十　海兵隊が沖縄で必要とするのは休養と練度維持のための訓練の施設であり、佐世保に所在する揚陸艦との合流における利便性を確保するためならば、米国本国やハワイ、グアム、オーストラリアからの適切な輸送手段があれば解決可能である。つまり、海兵隊の配備先は任務を担当する地域と一致する必要はなく、高度な機動力と即応能力があれば良いのである。この考えについての政府の認識と見解を答えられたい。

十一　質問十に関連して、仮に三十一ＭＥＵの拠点を米国本国に移転させた場合、米国本国から派遣される海兵隊員は航空機で日本にやってきて、日本国内に事前配備・集積させていた機材も含めて長崎県佐世保市で揚陸艦と合流させれば海兵隊部隊の迅速な集結が容易に図られて良いとの考えが生まれる。この考えについての政府の認識と見解を答えられたい。

十三　日米両政府にとって重要なことは、三十一ＭＥＵが沖縄に駐留し続けることではなく、大規模な増援部隊が戦闘に参加する用意があることを示すことである。そのため、米国政府及び米軍は、紛争が起きた時の内容や規模によって三つの機能（海兵遠征軍（ＭＥＦ、約四万五千人）、海兵遠征旅団（ＭＥＢ、約一万七千五百人）、海兵遠征隊（ＭＥＵ、約二千人））の中から部隊を選出して派遣することとしている。それを具現化する方策は、これまで米海兵隊が行ってきた装備の事前集積を可能にすることであり、また高速船を用いて輸送手段を改善することである。これらを可能にすれば、有事の来援基盤を目に見える形で維持し、米国の揺るがない意思を世界に示すことになるものと思われる。この考えについての政府の認識と見解を答えられたい。

十五　オスプレイが輸送する地上部隊との適正な距離は運用上の判断基準である。地上部隊が必要とするのは隊舎と訓練場であり、三十一ＭＥＵの地上部隊と航空部隊がパッケージで移転することを前提とすれば、候補地は世界中にあると思われる。この考えについての政府の認識と見解を答えられたい。

十六　辺野古案の最大の問題点は、戦略的妥当性を主張できないことにある。すなわち、移動速度が遅く、ミサイル攻撃に対して防御力にかける海兵隊陸上部隊が中国の中距離弾道ミサイルの射程内に存在することは米政府のアジア地域におけるリバランス政策において最も弱い「脆弱性の窓」となる可能性があり、米国の戦略にとって妥当とは言い難い。海兵隊の前方展開の根拠は中国の中距離弾頭ミサイルの射程外に置くべきである。また、近年、ミサイルの開発を急ピッチで進めている北朝鮮の脅威を考えると、沖縄への米軍基地の集中は米国にとっても壊滅的な打撃を被り易いため好ましいものではない。部隊の分散配置を進めるべきである。政府の認識と見解を答えられたい。

右質問する。

（答弁二、八から十一まで、十三、十五及び十六）

沖縄は、米国本土、ハワイ等と比較して、東アジアの各地域に近い位置にあると同時に、我が国の周辺諸国との間に一定の距離をおいているという利点を有している。また、南西諸島のほぼ中央にあり、我が国のシーレーンに近いなど、安全保障上極めて重要な位置にある。こうした地理上の利点を有する沖縄に、司令部、陸上部隊、航空部隊及び後方支援部隊を統合した組織構造を有し、優れた機動性及び即応性により、幅広い任務に対応可能な第三十一海兵機動展開隊をはじめとする米海兵隊が駐留することにより、例えば、大規模な自然災害発生時において主として災害救援の初期段階における輸送支援、医療支援等を実施すること、様々な緊急事態において民間人の避難活動を実施すること、我が国に対する武力攻撃の発生時又は極東における武力紛争発生時において主として初動対処を実施するとともに、来援する米軍の受入基盤の確保に当たること等が可能となっており、在沖縄米海兵隊は、抑止力の重要な要素の一つとして機能していると認識している。

このような在沖縄米海兵隊の位置付け及び機能を踏まえれば、御指摘の「佐世保に所在する揚陸艦」と共に行動することのみをもって、在沖縄米海兵隊が沖縄に駐留する必要はないとすることは適当ではないと考える。また、在沖縄米海兵隊の沖縄県外への一括移転については、一般的には、沖縄ほどの地理的優位性が認められない、広大な土地の確保に多大な時間を要するといった問題点があるものと認識している。

さらに、沖縄の持つ地理的優位性は、沖縄が「ミサイルの射程内に存在する」か否かのみをもって議論されるべきではないと考えている。

〈質問三から五〉

三 政府は、米海兵隊が抑止力になり得ると評価・位置付けているが、その根拠は何か、そもそも抑止力とは如何なるものか、何を、どのように抑止しようとしているのか、明らかにされたい。

四 質問三に関連して、中国や北朝鮮と海兵隊の彼我の兵力を客観的に比べると、質・量ともに最先端かつ大規模な軍事力を持つ中国・北朝鮮と、沖縄に駐留する軽装備の僅か二千名程度の兵員と限られた火力装備、航空勢力しか保有しない海兵隊ではそもそも太刀打ちすることはできず、抑止力になり得ないことは明らかであると思われるが、政府の認識と見解を答えられたい。

五　尖閣諸島への中国の侵略問題に対して、政府は米海兵隊の沖縄での存在が抑止力であると主張する。しかし、島嶼防衛には圧倒的な制海及び制空権と十分な兵力が必要不可欠であり、沖縄に駐留し、ローテーションで展開する第三十一海兵遠征隊（三十一ＭＥＵ）にはそのような軍事力は備わっていないため、抑止力になり得ない。強いて抑止論を振りかざすならば、嘉手納基地に駐留する米空軍と横須賀を拠点とする米海軍であると思われる。ましてや沖縄駐留の海兵隊は米軍が島嶼防衛に関与するための「トリップワイヤー」を果たすためのものでないことは明らかである。政府の認識と見解を答えられたい。

（答弁三から五）

抑止力とは、侵略を行えば耐え難い損害を被ることを明白に認識させることにより、侵略を思いとどまらせるという機能を果たすものであると解してきている。日米安保体制の下、在日米軍においては、緊急事態に迅速かつ機動的に対応できる態勢が平時からとられており、このような在日米軍のプレゼンスは、米国が有する核戦力や通常戦力とあいまって、抑止力として機能しているものと考えている。また、地理的な優位性を有する沖縄に、優れた機動性及び即応性を有し、幅広い任務に対応可能な第三十一海兵機動展開隊をはじめとする米海兵隊や、制空や警戒監視等の重要な航空作戦に当たる米空軍といった米軍が駐留することは、日米同盟の抑止力を構成する重要な要素であり、我が国の平和と安全を確保する上で必要なものであると認識している。

なお、想定される抑止力の対象は、必ずしも特定の国に限られるものではない。

（質問六）

六　米国政府及び米軍は「アメリカファースト」であり、米国の国益しか考えていない。したがって、米国政府が「尖閣に安保を適用する」といくら明言しても、日本が期待するように、中国と直接対峙してでも尖閣を含む日本防衛に拘束されるとは考え難い。ましてや「領有権を巡る問題は日中双方の対話によって平和裏に解決すべき」とか「誰も住んでいない無人の岩（尖閣）のために俺たちを巻き込まないでくれ」とか言っていることからすればなおさらである。したがって、米国はアジア全域の安全保障の維持・管理の中に日本の安全保障を包含していると考えるべきである。政府の認識と見解を答えられたい。

（答弁六）

お尋ねの趣旨が必ずしも明らかではないが、米軍は、日米安保条約の目的達成のために我が国に駐留していると考えている。

（質問七）

七「再編実施のための日米のロードマップ」を受けて「第三海兵機動展開部隊の要員及びその家族の沖縄からグアムへの移転の実施に関する日本国政府とアメリカ合衆国政府との間の協定を改正する議定書」が締結され、政府が米国に移転費用の総額八十六億ドルのうち財政支援二十八億ドル（上限額）を行うことと承知しているが、その財政支援額及び移転費用の総額に関する各年度の支出額と執行済み額について政府が承知するところを明らかにした上で、予算の執行状況が当初計画通りであるか、計画より遅れているのであればその理由は何か、今後どのように改善する考えか、今後の見通しはどうか、などについて政府の見解を答えられたい。

（答弁七）

第三海兵機動展開部隊の要員及びその家族の沖縄からグアムへの移転の実施に関する日本国政府とアメリカ合衆国政府との間の協定（平成二十一年条約第三号。以下「グアム移転協定」という。）及び第三海兵機動展開部隊の要員及びその家族の沖縄からグアムへの移転の実施に関する日本国政府とアメリカ合衆国政府との間の協定を改正する議定書（平成二十六年条約第六号）により改正されたグアム移転協定（以下「改正グアム移転協定」という。）に従い、我が国政府は、平成二十一年度に三億三千六百万米ドル、平成二十二年度に四億九千七百八十万米ドル、平成二十四年度に一億千四百三十万米ドル、平成二十六年度に一億九千三百十万米ドル、平成二十七年度に千百三十万米ドル、平成二十八年度に一億千三百十六万米ドルの資金を、米国政府に対し、それぞれ提供したところである。

米国政府は、これらの資金を、グアム移転協定及び改正グアム移転協定に従って使用することとなっており、平成二十二年度に約七百九十一万米ドル、平成二十三年度に約八百万米ドル、平成二十四年度に約四千三百十七万米ドル、平成二十五年度に約四千六百四万米ドル、平成二十六年度に約千五百八十万米ドル、平成二十七年度に約二千百三十八万米ドル、平成二十八年度に約三千八百七十五万米ドルを、それぞれ支出したものと承知している。

また、米国政府も、在沖縄米海兵隊のグアムへの移転（以下「グアム移転」という。）に係る建設経費として、二千十会計年度予算に三億十九万米ドル、二千十一会計年度予算に一億六百七十三万米ドル、二千十三会計年度予算に約二千五百九十万米ドル、二千十四会計年度予算に約八千五百六十七万米ドル、二千十五会計年度予算に約五千六十五万米ドル、二千十六会計年度予算に約一億二千五百六十八万米ドル、二千十七会計年度予算に六千二百二十一万米ドルを計上し、これらの経費のうち一部について契約が締結された旨米側から聞いている。

お尋ねの「予算の執行状況が当初計画通りであるか」については、「当初計画」が何を指すか必ずしも明らかではないことから、お答えすることは困難であるが、グアム移転については、平成二十五年十月三日付けの日米安全保障協議委員会共同発表において、二千二十年代前半に開始されることが確認されており、日米両政府は、引き続き緊密に協力しながら着実にグアム移転事業を進めているところである。

（質問十二）

十二　辺野古への新基地建設のための巨額な経費より、三十一ＭＥＵの兵員や物資を輸送する高速船の提供費用や、米国本国に三十一ＭＥＵの拠点を移した場合のアジアへの巡回経費等がはるかに安価で簡単に実現できることになる。辺野古新基地建設の経費と高速船による巡回経費の比較についての政府の認識と見解を答えられたい。

（答弁十二）

御指摘の「三十一ＭＥＵの兵員や物資を輸送する高速船の提供」及び「米国本国に三十一ＭＥＵの拠点を移した場合のアジアへの巡回」の意味するところが必ずしも明らかではないが、我が国を取り巻く安全保障環境が一層厳しさを増す中、普天間飛行場の辺野古への移設は、米軍の抑止力を維持しながら、同時に同飛行場の危険性を一刻も早く除去するための唯一の解決策であると考えている。

（質問十四）

十四　一九九六年の普天間返還合意から現在までの二十年の間に、東アジアの軍事情勢は大きく変化している。特に「九・一一（テロ対策）」や「三・一一（災害）」等大規模かつ緊急の事態や変化に的確かつ迅速に対応するため、アジア太平洋地域の米軍はより機動性を重視した組織に再編され、地理的な制約を克服した新たな抑止力を構築しようとしている。二十年前のように、沖縄を含むアジア・太平洋地域に常続的な十万人のプレゼンスを維持する必要性は最早失われているのである。この考えについての政府の認識と見解を答えられたい。

（答弁十四）

本年二月十日に実施された日米首脳会談に際し発出された共同声明においては、アジア太平洋地域において厳しさを増す安全保障環境の中で、米国は、地域におけるプレゼンスを強化することが述べられているほか、マティス米国国防長官は、同月四日に実施された日米防衛相会談において、米国にとってアジア太平洋地域は優先地域であり、米軍の継続したプレゼンスを通してアジア太平洋地域への米国のコミットメントを強化していく旨強調しているものと認識している。また、米国は、平成八年の日米安全保障共同宣言や平成九年に発表した「四年ごとの国防計画の見直し」等において、アジア太平洋地域において約十万人の兵力を維持する方針を掲げたが、平成二十八年末現在においても、アジア太平洋地域において約十万人の兵力を維持していると承知している。

７　政府の沖縄問題への取組み姿勢の悪化を問う

第一九三通常国会　質問第四〇八号

政府と沖縄県が争う「沖縄県名護市辺野古への新基地建設問題」解決に向けた政府の取組姿勢の変化に関する質問主意書

（質問一及び二）

「沖縄県名護市辺野古への新基地建設問題」を抜本的に解決し、膠着している政府と沖縄県の関係を改善するためには沖縄県民が切望する「世界一危険な普天間飛行場の即時閉鎖と県外・国外への移転を図る」という原点に立ち戻って、問題の洗い出しと見直しを行うことが必要であり、そのための質問主意書については、平成二十九年六月十二日付質問主意書第三九三号及び平成二十九年六月十三日付質問主意書第四〇二号で提出したところであるが、それを補うため、以下お尋ねする。

一　日米の安保関係者の中に「海兵隊が沖縄から撤退すれば中国に誤ったメッセージを送ることになる」という懸念を表明する者があると聞く。そのような懸念について政府の承知するところを明らかにした上で、そのような懸念は客観的に見て妥当な懸念と言えるかについて政府の見解を答えられたい。

二　巷では、米軍は部隊の分散配置の観点から海兵隊の沖縄からの移転を望んでいるが、日本政府が拒んでいるというのが通説となっている。それを裏付けるのがマイケル・アマコスト元米国駐日大使の「沖縄の嘉手納基地こそ王冠の宝石のように重要で、海兵隊は重要でない」との発言や、リチャード・アーミテージ元米国務副長官の「対案があれば米国は耳を傾ける」との発言である。このような通説は真実であるのか、明らかにされたい。

〈答弁一及び二〉

政府として、沖縄に駐留する米軍について、識者等から様々な意見等があることは承知しているが、その一々について、論評することは差し控えたい。

その上で申し上げれば、沖縄は、米国本土、ハワイ等と比較して、東アジアの各地域に近い位置にあると同時に、我が国の周辺諸国との間に一定の距離をおいているという利点を有している。また、南西諸島のほぼ中央にあり、我が国のシーレーンに近いなど、安全保障上極めて重要な位置にある。

こうした地理上の利点を有する沖縄に、優れた機動性及び即応性により、幅広い任務に対応可能な米海兵隊が駐留することは、日米同盟の抑止力を構成する重要な要素であり、我が国の平和と安全を確保する上で必要なものであると考えている。

（質問三）

三　東アジアの安全保障上の懸念は、中国による海洋進出と北朝鮮の核・ミサイル開発に留まらない。この地域で多発する台風や地震、津波など世界有数の大規模な自然災害もそうである。そのために日米が主導して中国を含む多国間の安全保障協力関係を構築すべきである。政府の認識と見解を答えられたい。

（答弁三）

我が国は、東アジア地域において、我が国、中華人民共和国、米国等が参加する東アジア首脳会議や東南アジア諸国連合地域フォーラム等の多国間の安全保障対話の枠組みを活用し、開かれた形で重層的な地域協力のネットワークを強化している。

（質問四）

四　本職は、米国政府が進めようとしている「在沖米海兵隊のグアム移転計画の見直し」を受け入れて、辺野古への新基地建設を断念するとともに、米海兵隊が希望する「高速船の新造船建造若しくは民間の高速船を借り上げて米海兵隊への貸与」を実施するならば、政府と沖縄県の間のぎすぎすした関係が改善できることや、政府が民意を無視して辺野古新基地建設を強行しているため「憲法で保障する民主主義を踏みにじる」とか「政府と地方の対等と自治権を付与された地方自治法を否定している」とかの誹りを正すことができること、無許可での岩礁破砕や未協議の設計変更等法令違反を是正でき法治国家としての尊厳を取り戻すことが出来ること、人道支援・災害救援活動（ＨＡ／ＤＲ）を中心とした国際的な貢献が可能となること、予算難の米国を支援することとなり米国と日本の同盟関係をより深化することが可能となること、など四重五重のウィン・ウィンが果たせることとなり、大変有益なことであると考えるが、政府の認識と見解を答えられたい。

（答弁四）

御指摘の「米国政府が進めようとしている『在沖米海兵隊のグアム移転計画の見直し』を受け入れて、辺野古への新基地建設を断念するとともに、米海兵隊が希望する『高速船の新造船建造若しくは民間の高速船を借り上げて米海兵隊への貸与』を実施する」の意味するところが明らかではないため、お答えすることは困難である。

（質問五から八まで及び十）

五　本職を始め沖縄問題に造詣が深い方々や、沖縄のあるべき姿を模索し続けている心ある人々、さらにはほとんどの沖縄県民は、ラムズフェルド元米国国防長官をして「世界一危険な飛行場」と言わしめた普天間飛行場の移設・返還が進まなかった最大の理由は沖縄県民がこぞって反対したためではなく、危険な基地の危険性の除去という、日米両政府にとっても県民にとっても最も優先すべきであったはずの目標を政府が「移設なければ返還なし」という政治問題にすり替えてしまったことにあると考えているが、政府の認識と見解を答えられたい。

六　本職は、政府が、普天間飛行場の辺野古への移設が、基地という国の安保政策に基づく負担をより人口が少ない地域に背負わせることによって、国民多数の目から見えないようにするばかりでなく、沖縄県民の目からも見えないようにするという意味で、矛盾の局所化と問題の不可視化に繋げようとしているのではないかと考えるが、政府の認識と見解を答えられたい。

七　政府が「普天間飛行場の移設先は辺野古しかない」とか「沖縄に我が国の安全保障を担う米軍基地を押し付けても良い」とする理由は、周囲の人口が名護市辺野古では宜野湾市より少なく、沖縄県では他都道府県より少ないからなのか、政府の認識と見解を答えられたい。

八　平成九年二月十三日の衆議院予算委員会で上原康助議員は「普天間の移設先が決まらない現状をどう打開する考えか」と質問し、それに対して橋本龍太郎総理大臣は「地元の強い反対を押し切ってまで移設を強行することはあってはならない」と答弁した。この答弁は憲法が保障する民主主義及び地方自治の観点から政府が当然守るべきことを述べたものである。しかし、現在政府が行っていることは、「普天間飛行場の即時閉鎖・運用停止・県外への移設」及び「辺野古新基地建設反対」という民主主義に則って示した県民の民意と、「地方のことは地方で決定する」という地方自治を無視したものである。しかも全国各地から集めた機動隊員や海上保安庁職員という公権力で強権的に「普天間飛行場の辺野古への移設」を強行しようとするものである。また、県民の協力が得られないならば「普天間飛行場は固定化される」と恫喝する有様である。このような態度は、憲法や、二十年前の政府の答弁・対応とは明らかに異なるものではないか。政府の認識と見解を答えられたい。

十　質問九に関連して、上原議員の指摘に対して橋本龍太郎総理大臣は「大田沖縄県知事は、現に米軍施設・区域の約七五%が沖縄県に集中していることなどから、こうした意見陳述をされました。その心情は、私としても十分理解のできるものである」と答弁した。この橋本総理の答弁からは沖縄への深い思いと理解が感ぜられる。一方、政府がこれまで「沖縄県民の思いに寄り添う」とか「政府ができることは全てやる」とか言いながら、その実、辺野古新基地建設を強引に推し進めるという行動からは、沖縄への蔑視と差別感が透けて見えるところであり、橋本総理の答弁とは雲泥の差が感ぜられるものであるが、政府の認識と見解を答えられたい。

（答弁五から八まで及び十）

政府としては、住宅や学校で囲まれ、市街地の真ん中にある普天間飛行場の固定化は絶対に避けなければならないと考えており、これは政府と沖縄の皆様の共通認識であると考えている。同飛行場の移設については、キャンプ・シュワブ辺野古崎地区及びこれに隣接する水域に代替施設を建設する現在の計画が、同飛行場の継続的な使用を回避するための唯一の解決策であると考えている。これは、日米間でも、本年二月十日に実施された日米首脳会談に際し発出された共同声明において確認されている。政府としては、引き続き、地元の皆様の御理解を得る努力を続けながら、普天間飛行場代替施設建設事業に関する平成二十八年十二月二十日の最高裁判所の判決及び同年三月四日に政府と沖縄県が合意した和解の趣旨に従って、約二十年越しの懸案である同飛行場の一日も早い移設・返還を実現し、沖縄の負担を早期に軽減するよう努力していく考えであり、「危険な基地の危険性の除去という、日米両政府にとっても県民にとっても最も優先すべきであったはずの目標を政府が「移設なければ返還なし」という政治問題にすり替えてしまった」、政府が「矛盾の局所化と問題の不可視化に繋げようとしている」、「沖縄に我が国の安全保障を担う米軍基地を押し付けても良い」としている、「県民の協力が得られないならば『普天間飛行場は固定化される』と恫喝」している及び「辺野古新基地建設を強引に推し進めるという行動からは、沖縄への蔑視と差別感が透けて見える」との御指摘は当たらない。

（質問九及び十一）

九　平成九年二月十三日の衆議院予算委員会で上原康助議員は「復帰の時には沖縄の米軍基地は二万七千八百ヘクタール、五九％、本土の米軍基地は一万九千六百ヘクタール、四一％。復帰後、整理縮小すべき沖縄のものは整理縮小しないで、関東計画かそういうもので、現在七千九百ヘクタールが日本の米軍基地、沖縄は依然としてこれだけあるから七五％。こういう実状である。更なる基地の強化、固定化を受け入れることは困難である。また、安保条約が日本にとって重要であると言うのなら、その責任と負担は全国民が引き受けるべきではないか」と指摘した。二十年前に上原議員が行った指摘と現在の沖縄県の状況を比較すると、沖縄への基地の押し付けや県内へのたらい回し、過重な基地負担は二十年前よりさらに強まり、軽減・見直しは一向に進んでいない。ましてや安保条約に伴う責任と負担を全国民が等しく引き受けるということが全く行われず、逆に本土の基地を整理縮小して、その分を沖縄に集中させてきたのである。二十年前と何ら変わらない過重な基地負担が続いていること並びになぜ沖縄だけに基地を押しつけるのかについて政府の認識と見解を答えられたい。

十一　平成九年二月十三日の衆議院予算委員会での上原康助議員と政府とのやり取りを見ると、沖縄の米軍基地問題や政府の対米追従姿勢、沖縄の振興策への取り組み姿勢は、二十年前より現在のほうが悪化していることが分かり、正直言ってあきれるよりガッカリしてしまう。なぜならば当時の政府答弁は、総理大臣を始め関係する全閣僚が曲がりなりにも誠心誠意答弁していることが感じ取れるが、現在の政府答弁は「沖縄県民の思いに寄り添う」とか「政府ができることは全てやる」とか言うものの、その実態は「県民の思いがどうであろうと問答無用で辺野古に新基地を建設する」というものであり、中身が伴わない、つまり現在の政府の言っていることは口先だけのお為ごかしであり、内容を伴うものではないと思われる。政府の認識と見解を答えられたい。

（答弁九及び十一）

お尋ねの趣旨が必ずしも明らかではないが、政府としては、在日米軍の抑止力を維持しつつ、沖縄の負担を日本全体で分かち合っていく観点から、これまでの日米合意を踏まえ、沖縄の負担軽減に取り組んできたところである。

例えば、近年では平成二十六年八月に普天間飛行場のＫＣ一三〇空中給油機の岩国飛行場への移駐、平成二十七年三月にキャンプ瑞慶覧の約五十一ヘクタールの返還、平成二十八年十二月に沖縄県内の在日米軍施設・区域の面積の約二割に当たり本土復帰後最大となる北部訓練場の過半に当たる約四千ヘクタールの返還等を実現してきており、このほか、沖縄県外での垂直離着陸機ＭＶ二二オスプレイの訓練等の実施等を着実に進めてきている。

（質問十二及び十三）

十二　報道によれば、ネラー米海兵隊総司令官は五月二十四日、上院歳出委員会で在沖米海兵隊のグアム移転計画について、北朝鮮の核・ミサイル開発の進展やグアムでの環境問題などを踏まえて、見直しを検討していることを明らかにしたとのことである。グアムが北朝鮮ミサイルの射程に入りかねない状況を念頭に置いた発言であると思われる。また、ハリス太平洋軍司令官が航空機の一時的な配置先についても検討していることにも言及したとのことである。米軍のこのような発言は米国がその時々の対外的な脅威や必要性によって、米国・米軍の判断と決定でもって軍の配備を適宜見直すことを示したものであり、政府がこれまで繰り返し唱えてきた「米軍のグアム移転は沖縄の基地負担軽減の一環」との説明とはおよそかけ離れたものであり、「アメリカファースト」という米国の本音が図らずも示されたものであると思われるが、政府の認識と見解を答えられたい。

十三　質問　十二に関連して、菅義偉官房長官は五月二十五日の会見で「グアム移転は二〇二〇年代前半に開始される。このことは全く変わっていないと承知している」と発言した。しかし、沖縄に集中して配備されている米軍を北朝鮮からより離れた所に分散配置や移動させるならば、辺野古に新基地を建設する必要性は全くなくなるのではないかと思われるが、政府の認識と見解を答えられたい。

右質問する。

（答弁十二及び十三）

本年二月十日に実施された日米首脳会談に際し発出された共同声明において、在日米軍の再編に対する日米のコミットメント並びにキャンプ・シュワブ辺野古崎地区及びこれに隣接する水域に普天間飛行場の代替施設を建設する現在の計画が同飛行場の継続的な使用を回避するための唯一の解決策であることを確認している。

いずれにせよ、我が国を取り巻く安全保障環境が一層厳しさを増す中、政府としては、米軍の抑止力を維持しつつ、沖縄の負担軽減を図るべく、同飛行場の移設・返還及びグアム移転を含む在日米軍再編の着実な実施のため、米国と緊密に協力していく考えである。

8 辺野古海上警備請負業務の疑惑を問う

第一九一臨時国会　質問第一一号

辺野古海上警備請負業務に関する新たな疑惑の中で契約書や特記仕様書等に関する質問主意書

（質問一）

辺野古海上請負業務に関する疑惑については、平成二十八年五月十七日付質問主意書第二七七号で質問を、また同年五月二十七日付質問主意書第三〇八号で再質問をそれぞれ行い、同年の五月二十七日及び六月七日付でそれぞれ答弁を得たところである。その際に行った質問及び再質問で「今後の警備にどのような支障が生じるのか」と質問したところ、おうむ返しで「今後の警備に支障を生ずる恐れがあることから、お答えを差し控えたい」と一蹴する答弁を行っている。また、「お尋ねの質問の意味するところが必ずしも明らかでないため、お答えすることは困難である」との木で鼻を括った答弁に終始していることはいつものとおりである。

さらに、本職がその後、同業務に関して防衛省に対して資料要求を行ったところ、散々待たされた挙句、ようやく提供された資料は約百ページに及ぶ膨大な数であったが、その全てのページが真っ黒に塗られて全く判読できない状況であり、議員の質問に真摯に対応しようとする気持ちが微塵も感ぜられない状況である。

このため、本職は、独自で収集した資料や、新聞報道、関係者からの聞き取り調査結果を基に改めて本業務を再調査したところ、業務委託契約書や業務特記仕様書、諸報告書等において新たな疑惑や不自然なやり取りがあることが明らかとなった。

そこで、以下お尋ねする。

一　辺野古海上警備業務に関して締結した「業務委託契約書」第五条第一項に基づく再委託の承認手続きに関して、本職が関係書類の提出を求めたところ、政府は、請負者である株式会社ライジングサンセキュリティーサービス作成の「海上警備計画書」が該当の文書であると回答した。

しかし、当該「海上警備計画書」は、①目次に再委託の項目が記載されていないこと、②資料一と称する添付書類の名称が「シュワブ海上業務において再委託をする業務」となってはいるものの、再委託を行う業務の内容や相手方の名称等承認に必要な内容が記載されていないこと、③目次に資料一の説明がないこと、など多くの不備がある。

さらに、最も重要なことは、④契約書第五条第一項に基づく「発注者の再委託の承認手続きが確認できない」ことであり、また⑤同条第二項で定める再委託先の通知の請求に関して、政府内部での手続きが書面で全く行われていないことである。

そのため、「業務委託契約書」第五条第一項に基づく再委託の承認手続きに「瑕疵がある」と言わざるを得ないが、この再委託の承認手続きにおいて瑕疵があるとの本職の指摘に対して政府の見解を答えられたい。

（答弁一）

発注者である沖縄防衛局は、株式会社ライジングサンセキュリティーサービス（以下「当該会社」という。）による株式会社マリンセキュリティーへの警備業務の一部の再委託について、当該会社から提出された書類等を確認した上で、当該再委託の内容等を総合的に勘案して承諾しており、「再委託の承認手続きにおいて瑕疵がある」との御指摘は当たらない。

（質問二）

二　辺野古海上警備業務に関して締結した「業務委託契約書」第十一条第一項に基づく契約の履行状況報告に関して、本職が関係書類の提出を求めたところ、政府は、請負者である株式会社ライジングサンセキュリティーサービス作成の五月十八日付の「再委託先における労働基準法違反について」が該当の文書であると回答した。

当該文書を点検・確認したところ、①再委託先の株式会社マリンセキュリティーが沖縄労働基準監督署から勧告を受けた内容を単に添付して報告しているだけであり、株式会社ライイジングサンセキュリティーサービスが取り組んだ内容は記載されていないこと、②政府は、この五月十八日付の文書だけが「契約の履行報告書」として提出されており、他には報告書が提出されていないこと、等が明らかとなった。

しかし、当該委託業務が平成二十七年七月二十三日から平成二十八年三月三十一日までの委託期間約八カ月で契約金額約二十四億円、平成二十八年三月三十一日から同年十二月三十一日までの委託期間約九カ月間で契約金額約二十億円、合計すると委託期間十七カ月間で契約金額約四十四億円の委託業務であることを考えると、契約書で定める履行報告書がたった一日分しか報告されていないということは、明らかに不自然である。

また、委託業務を発注した政府としても、たった一日分しか業務報告を受けていないということは職務怠慢以外の何物でもないことは明らかである。

よって、本職は、政府が株式会社ライジングサンセキュリティーサービスに発注した委託業務二件は、適切な業務の履行がなされていなかったものと考えるが、このことに対する政府の見解を答えられたい。

右質問する。

（答弁二）

御指摘の「業務委託契約書」第十一条第一項に基づく契約の履行についての報告をするものとして当該会社から提出された文書のうち、警備内容に関する報告文書については、これを明らかにすることにより、今後の海上警備業務に支障を及ぼすおそれがあることから、公開することは差し控えているところである。御指摘の「委託業務二件」に関して、沖縄防衛局において、当該会社から御指摘のように「一日分しか業務報告を受けていない」ということはなく、「委託業務二件は、適切な業務の履行がなされていなかった」との御指摘は当たらない。

政府が提出した海上警備計画書

目　次

シュワブ（H27）海上警備業務

海　上　警　備　計　画　書

平成27年7月

株式会社ライジングサンセキュリティーサービス

[redacted]

１．目　的

本業務は、沖縄防衛局が実施する普天間代替施設建設事業等の適正かつ円滑な実施の確保を目的として、シュワブ海上部において必要な警備を実施するものである。

２．期　間

契約期間：平成27年7月23日から平成28年3月31日まで

警備実施期間：平成27年9月1日から平成28年3月31日まで

３．業務の場所

名護市キャンプ・シュワブ沿岸域等

４．海上警備の組織体制

[redacted]

組織体制は、別紙－１「海上警備体制図[redacted]」・別紙－２「海上警備体制図[redacted]体制図」のとおり。

５．通報・連絡の体制

（１）連絡の手段

[redacted]

（２）連絡の系統

別紙－３「緊急連絡体制[redacted]」、別紙－４「連絡体制[redacted]」のとおり。

６．任務と要員体制

[redacted]

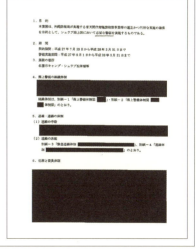

（5）警 備 艇

[redacted]

（6）警備船班

[redacted]

[redacted]

（4）海上警備指令の配置と警備母船

[redacted]

（2）警備母船・警備艇の装備・携行品

[redacted]

（3）警備船の警備員基本装備

[redacted]

（4）警備母船・警備艇の標示、防弦・巻き込み対策

[redacted]

[redacted]

（7）海上警備の基本要領

別紙－8 「海上警備基本要領」のとおり。

（8）海上警備の要員体制

警備艇、警備船の要員は、下表のとおり。（下記数字は、要員人数）

[redacted]

7．警備艇の船艇基準・装備・携行品

（1）警備母船・警備艇の能力

項 目	能 力
総トン数	[redacted]
堪 航 性	
船 質	
最大速度	

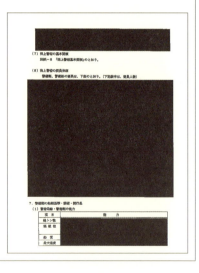

（２）広報・警告の留意点

[redacted]

（３）広報の内容

別紙－９「広報要領」のとおりとする。

１０．海上警備の記録管理

（１）海上警備の撮影目的

[redacted]

（２）撮影の要領

[redacted]

（３）警戒情報の報告要領

[redacted]

（４）警備の報告

毎日の警備結果は、「海上警備報告書」にとりまとめ、担当者へ提出する。

１１．流出油の拡散防止装置の搭載

[redacted]

１２．要員の勤務交替

（１）警備母船・警備艇

[redacted]

（２）ゴムボート

[redacted]

[redacted]

（５）機　動　艇

[redacted]

８．警戒海域と警備船艇の配置

（１）警戒海域

[redacted]

（２）臨時制限区域における警備船の配備

[redacted]

９．海上警備の広報・警告の運用

（１）広報の区分

[redacted]

[redacted]

１６．安　全　対　策

（１）基本原則・方針

[redacted]

⑥安全具装着の徹底

⑦熱中症予防と体調管理の徹底

⑧海技免状資格者による操船厳守

⑨シュワブ内入場資格者に対する規則教育と遵守

⑩落下・転倒事故の防止と危険予知教育の実施

⑪環境の破壊、汚染原因を創らせない。

（２）安全対策

①乗船前点呼により体調・服装、安全具の装着について船長点検を実施する。

②船艇での見張業務は、適宜交替し長時間とならないようシフト管理する。

③熱中症対策として水分・塩分の補給、携行を徹底する。

④ライフジャケット装着の徹底をはかる。

⑤警備母船、警備艇に各ＡＥＤ１台を搭載し、操作講習修了者を必ず１名は配置する。

⑥トイレ付船艇を配備する。

⑦水、糧食の海上輸送を行う。

⑧急病、怪我等に際してのレスキュー船の運用をはかる。

⑨一時退避の想定下、最寄りの場所を事前に計画し安全に退避する。

⑩定時報告の運用をはかり、異常の有無を定時的に確認する。

⑪待機場所を設け、クーリング設備を設ける。

⑫流出油対策向けのＲＯＣバリアーを各船に１台設置し、迅速に応急処置ができる体

[redacted]

１３．警備船艇の係留・給油の方法

（１）警備母船・警備艇

[redacted]

（２）ゴムボート

[redacted]

１４．警備船艇の配置中断退避

（１）配置中断・退避

[redacted]

（２）ゴムボート

[redacted]

（３）配置中止の判断基準

①　警備艇・警備船の中止基準

[redacted]

②　機動艇の中止基準

[redacted]

③　気象情報の取得

気象情報は、リアルタイムで取得し中止判断に資する。

１５．海上での反対活動想定

[redacted]

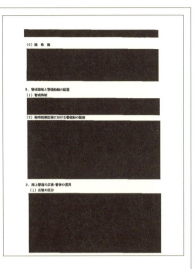

■ 9　辺野古建設工事のあっせんを生業とする団体のあり方を問う

第一九一臨時国会　質問第十六号

名護市辺野古新基地建設工事のあっせんを主たる業務とする団体に関する質問主意書

（質問一及び二）

東京都で発行されている新聞社の報道によれば、名護市辺野古への基地移設の関連事業を「地域及び企業団体が一丸となって地域振興に資する」ことを設立目的として、名護市の辺野古、豊原、久志の区長らが理事を務める一般社団法人「辺野古ＣＳＳ（米軍基地キャンプ・シュワブ・サポートの略）」が、活動を再開したとのことである。同団体は、二〇〇九年に設立されたものの、二〇一〇年に移設反対派の稲嶺進氏が名護市長に当選したため、一時活動を停止していたが、二〇一三年に当時の仲井眞弘多知事が辺野古沖の埋め立てを承認したため、再活動したと報じている。

また、同団体の主たる事業は「建築、土木資材の製造、販売や土木建築工事のあっせん業」となっているが、具体的には、名護市辺野古への基地移設事業絡みの工事を地元の土建業者にあっせんし、その仲介料を徴収することになるとしている。受注額の一～三％が仲介料になることから、仮に名護市辺野古への基地移設作業が本格化すれば、単純計算で約三十億円の仲介料が入ることになるとしている。さらに、同団体には既に政府からの資金が流れていることや、同団体を通じて懐柔が行われていることも報道している。

これらを踏まえて、以下お尋ねする。

一　一般社団法人辺野古ＣＳＳの設立目的や役員等について、政府の承知するところを明らかにされたい。

二　新聞報道及び本職が調査した団体等の履歴事項（登記簿）によれば、同団体は「建築、土木資材の製造、販売や土木建築工事のあっせん業」を主たる事業としている。そもそも公共工事等のあっせんを業務とすること自体が、いわゆる口利きやピンハネ等に繋がりかねない行為であり、不適切な事態を招きかねないものと思われるが、このような「あっせんを主たる業務」とすることが適正か否かについて政府の見解を答えられたい。

（答弁一及び二）

お尋ねについては、個別の一般社団法人に関することであり、お答えを差し控えたい。

（質問三）

三　新聞報道によれば、同団体には既に政府からの資金が流れているとのことであるが、そのような事実の有無について政府の承知するところを明らかにされたい。

（答弁三）

御指摘の「同団体には既に政府からの資金が流れている」の意味するところが必ずしも明らかではないため、お尋ねについてお答えすることは困難である。

（質問四及び五）

四　新聞報道によれば、政府は同団体を通じて名護市辺野古への基地移設を懐柔しているとのことであるが、政府が同団体を通じて地元への懐柔を行っているという事実の有無について政府の承知するところを明らかにされたい。

五　同団体の設立趣旨やその後の活動状況、政府と同団体の関係を垣間見ると、多くの県民が眉をひそめ、あきれ返ってしまっているが、このような批判や思いに対する政府の見解を答えられたい。

右質問する。

（答弁四及び五）

御指摘の「政府が同団体を通じて地元への懐柔を行っている」及び「同団体の設立趣旨やその後の活動状況、政府と同団体の関係を垣間見ると、多くの県民が眉をひそめ、あきれ返ってしまっているが、このような批判や思い」の意味するところが必ずしも明らかではないため、いずれのお尋ねについてもお答えすることは困難であるが、政府としては、住宅や学校で囲まれ、市街地の真ん中にある普天間飛行場の固定化は絶対に避けなければならないと考えており、これは政府と沖縄の皆様の共通認識であると考えている。同飛行場の移設については、キャンプ・シュワブ辺野古崎地区及びこれに隣接する水域に代替施設を建設する現在の計画が、同飛行場の継続的な使用を回避するための唯一の解決策であると考えている。

政府としては、同飛行場の一日も早い移設・返還を実現し、沖縄の負担を早期に軽減していくよう努力していくとともに、沖縄の負担の軽減や振興に全力で取り組んでいるところである。

10 辺野古建設工事のあっせんを生業とする団体と政府の契約のあり方を問う

第一九二臨時国会　質問第一四〇号

名護市辺野古新基地建設工事のあっせんを主たる業務とする一般社団法人と政府が締結した建物賃貸借契約に関する質問主意書

（質問一）

本職は、平成二十八年八月一日付の質問主意書で名護市辺野古新基地建設工事のあっせんを主たる業務とする一般社団法人の設立目的や「あっせんを主たる業務」とすることの適正性、政府からの資金の有無、建設への懐柔などについて質問したところ、政府は八月八日付の答弁書で「答えを差し控える」とか、「意味するところが明らかでないため、お答えすることは困難である」などという木で鼻を括った答弁を行った。その後、沖縄防衛局の名護防衛事務所の新たな移転先について、沖縄県内の地元紙は「前述の一般社団法人が区から区有地を借りて新事務所建設を発注し、防衛局が建物や土地の賃借料を支払う形で契約を進めた」ことや、「沖縄防衛局が一般社団法人と賃貸借契約を結び、月額百八十万円を支払う」ことなどを報道したが、その賃貸借に関して新たな疑惑が生じている。

　そこでお尋ねする。

一　沖縄防衛局の名護防衛事務所は名護市字辺野古内に事務所を移転したとのことであるが、事務所移転の理由と目的、移転前の事務所の賃借料や敷金、礼金、その他支払った経費、旧事務所面積について政府の承知するところを明らかにされたい。

（答弁一）

　沖縄防衛局名護防衛事務所（以下「名護防衛事務所」という。）については、旧庁舎が狭あいであったことから、キャンプ・シュワブ近傍での移転を検討していたところ、新庁舎に適した建物等について権原を有する御指摘の一般社団法人（以下「契約相手方」という。）と名護防衛事務所賃貸借契約（以下「本件契約」という。）を締結し、現在の庁舎に移転したものである。

　また、名護防衛事務所の旧庁舎については、事務所面積は百四十平方メートルであり、賃借料月額十六万二千円（消費税及び地方消費税を含む。）を所有者に支払っていたが、賃借料以外の敷金、礼金等は支払っていない。

（質問二）

二　平成二十八年七月十五日に沖縄防衛局長は、一般社団法人辺野古ＣＳＳ代表理事との間で、名護市字辺野古一〇〇七番一四五の鉄筋コンクリート造地上二階建事務所棟及び車庫棟の賃貸借契約を交わしている。その賃借料を契約書で確認したところ、月額で百八十万円（消費税及び地方消費税を含む）となっている。本職は、この賃貸借料は名護市辺野古地域では極めて高額であると考える。そこで月額百八十万円という賃借料について名護市内の近傍類似の施設や県都那覇市の類似施設の賃借料と比較した場合、高いのか安いのか、どのような状態であるかについて政府の承知するところを明らかにした上で、賃借料が適正であるかについて政府の見解を答えられたい。

（答弁二）

本件契約については、契約の対象となる建物や近傍の土地等の評価額を基に算定した価格の範囲内で行ったものであり、適正なものと考えている。

（質問三）

三　沖縄防衛局は、一般社団法人辺野古ＣＳＳに対して毎月の賃借料を支払っているが、契約に際して敷金や礼金、手付金、保証金など賃借料以外の他の支払いを行ったのか、その額は幾らかについて政府の承知するところを明らかにした上で、それらの額が名護市の近傍類似の施設の賃借料と比較して適正であるかについて政府の見解を答えられたい。

（答弁三）

沖縄防衛局は、本件契約に基づき、契約相手方に対して賃借料を支払っているが、賃借料については、二について述べたとおり、適正なものと考えている。また、賃借料以外の敷金、礼金、手付金、保証金等は支払っていない。

（質問四から七まで）

四　本職が去る八月二十二日に法務局で当該物件の登記簿を確認したところ、建物棟及び車庫棟の所有者は宜野座村に本店を構える株式会社Ａ社で、土地の所有者は名護市辺野古に住む三名の個人であることが判明している。一般社団法人辺野古ＣＳＳ及びその代表理事等は当該物件に関して何ら法的権利を有していないことが明らかであるが、なぜ政府は法的に全くの無権利者である一般社団法人辺野古ＣＳＳ及びその代表理事と建物の賃貸借契約を交わしたのか。

五　政府が民間の建物や土地を借りて賃貸借契約を締結する際には、まず権利者を特定・確認するため登記簿を取り寄せるなど、いわゆる政府の内部に対する訓令的性質を持つ手続き規定としての会計諸法令に基づく所要の手続きを必ず行っているか。

六　質問五に関連して、今回の賃貸借契約の場合に国の会計諸法令及び借地借家法上どのような手続きや確認を行ったのか。

七　一般社団法人辺野古ＣＳＳ及びその代表理事は当該物件の賃貸借契約書で定める「賃貸人」としてどのような法的権限を有する者と位置付けたのか。

〈答弁四から七まで〉

国が民間の建物や土地の賃貸借契約を締結する際には、関係法令等に基づき所要の手続を行っている。本件契約についても、沖縄防衛局において、登記事項証明書により本件契約に係る物件の土地所有者及び建物所有者について確認の上、当該所有者との間で当該物件に係る賃貸借契約を締結している契約相手方と、本件契約を締結したものである。

〈質問八〉

八　当該建物の所有権保存登記は平成二十八年六月二十四日付であり、建物棟及び車庫棟の完成は登記簿上では同年の六月十一日である。一方、沖縄防衛局の名護防衛事務所の移転（入居）年月日は同年の七月二十五日である。建物の完成から入居までの期間が僅か一カ月に満たないわけであるが、移転（入居）準備や賃貸借契約の事務手続に要する期間を考えた場合、常識では到底考えられない短期間でもって移転（入居）が進んだことになる。よって、当該物件の建設がいつから着工され、何時完成し、入居が可能となったのは何時か、そしてそのような一連の日時を沖縄防衛局は何時から把握しているのか等の時系列的な推移について政府の承知するところを明らかにされたい。

（答弁八）

お尋ねの「完成」、「入居が可能となった」及び「そのような一連の日時を沖縄防衛局は何時から把握しているのか」の意味するところが必ずしも明らかではないが、登記事項証明書により、建物が平成二十八年六月十一日に新築されたことを確認しており、また、本件契約の開始日である平成二十八年七月十五日から沖縄防衛局による使用が可能となったものと承知している。また、建物の着工日については、承知していない。

（質問九から十二まで）

九　法人は、民法第三十四条で「定款その他の基本約款で定められた目的の範囲内において、権利を有し、義務を負う」とされ、また一般社団法人は、一般社団法人及び一般財団法人に関する法律第十一条第一項第一号で「目的は定款の絶対的記載事項（一般社団法人の定款に必ず記載しなければならない）」とされている。ところで一般社団法人辺野古ＣＳＳの登記簿謄本を見ると、平成二十六年六月十六日現在で「不動産の賃貸借」を営める目的が登記されていない。なぜ登記されていない「不動産の賃貸」という営利事業を法令に反して営むことが出来るのか政府の見解を答えられたい。

十　質問九に関連して、政府は、一般社団法人辺野古ＣＳＳが法令に反して不動産の賃貸業を営むことになることを承知の上で、賃貸人として契約を締結したのか。

十一　政府は、一般社団法人辺野古ＣＳＳが建物棟及び車庫棟の所有者である株式会社Ａ社との間で借地借家法上の借家権設定契約が結ばれていることや、第三者に対する何らかの対抗力を有していることなどの法的な確認を行ったのか。

十二　政府が一般社団法人辺野古ＣＳＳとの間で締結した建物の賃貸借契約は法的に有効か。

（答弁九から十二まで）

個別の一般社団法人に関するお尋ねについては、お答えを差し控えたいが、本件契約については、沖縄防衛局において、土地所有者、建物所有者及び契約相手方について確認の上、適切に契約がなされたものと認識している。

（質問十三及び十四）

十三　質問十一及び十二に関連して、政府が一般社団法人辺野古ＣＳＳとの間で締結した建物の賃貸借契約は第三者に対抗することが出来るのか。

十四　質問十から十三までに関連して、建物の賃借人である政府は真の権利者である株式会社Ａ社に対して何らかの対抗措置を取ることは可能か。

右質問する。

（答弁十三及び十四）

お尋ねについては、どのような状況を想定しているのか必ずしも明らかでないため、一概にお答えすることは困難であるが、本件契約の締結により、名護防衛事務所の庁舎として使用するために必要な権原は得られているものと考えている。

11 辺野古建設工事のあっせんを生業とする団体と政府の契約のあり方を再度問う

第一九二臨時国会　質問第一八五号

名護市辺野古新基地建設工事のあっせんを主たる業務とする一般社団法人と政府が締結した建物賃貸借契約に関する再質問主意書

（質問一）

沖縄防衛局の名護防衛事務所が一般社団法人辺野古ＣＳＳと事務所の賃貸借契約を交わしたことに関しては、十一月十四日付質問主意書第一四〇号で質問を行い、十一月二十二日付で答弁を得たところである。その際行った質問で、賃貸借額の算定根拠を質したところ、「近傍類似の土地及び建物の評価額を参考にした」と答弁したが、その具体的な額や資料の提供は行われなかった。

また、土地及び建物の所有者でない一般社団法人辺野古ＣＳＳが賃貸人になり得るかと質したところ、理由は全く示さずに「適切に契約がなされた」と答弁したが、その根拠や契約書の提供は行われなかった。

さらに、一般社団法人辺野古ＣＳＳが定款に記載されていない営利事業である賃貸業務を営めるのかと質したところ、質問には全く答えようとしない有様である。

よって、依然としてこれらの賃貸借契約に関する疑義が解消されていないため、再度お尋ねする。

一　一般社団法人辺野古ＣＳＳは、民法第三十四条及び一般社団法人及び一般財団法人に関する法律第十一条第一項第一号で「目的は定款の絶対的記載事項」とされているところ、同法人は定款に「賃貸借業務」が記載・決定されていないのにもかかわらず、今回の賃貸人となっているが、これは法律違反ではないか。

（答弁一）

お尋ねについては、先の答弁書（平成二十八年十一月二十二日内閣衆質一九二第一四〇号。以下「前回答弁書」という。）九から十二までについてでお答えしたとおりである。

（質問二から五）

二　政府は、土地及び建物の所有者と一般社団法人辺野古ＣＳＳとの間でそれぞれ賃貸借契約が締結されたことを確認の上、今回の政府と同社団法人との間で建物賃貸借契約を締結したとのことであるが、そうであるならば土地及び建物の所有者と同社団法人とのそれぞれの賃貸借契約額について政府の承知するところを明らかにした上で、それらの賃貸借額が近傍類似の施設の契約額と比べて適正であるか否かについて政府の見解を答えられたい。

三　質問二に関連して、土地及び建物の所有者と一般社団法人辺野古ＣＳＳが締結したそれぞれの賃貸借契約額と、政府が同社団法人との間で締結した建物賃貸借契約額との間にどの程度の乖離が生じているかについて政府の承知するところを明らかにした上で、その差額が近傍類似の施設の契約額と比べて適正であるか否かについて政府の見解を答えられたい。

四　質問二に関連して、なぜ政府は直接土地及び建物の所有者から賃借を行わずに、同土地と建物に関して何ら法的権利を有しない一般社団法人辺野古ＣＳＳとの間で「また貸し」となる賃貸借契約を敢えて行ったのか、その理由と目的について政府の認識と見解を答えられたい。

五　質問四に関連して、直接所有者と契約を交わさずに、法的権利を有しない第三者である一般社団法人辺野古ＣＳＳとの間で建物の賃貸借契約を交わすことは、わざわざ賃貸借契約額を高めに設定するという、いわば割高にするための方策であると思われるが、政府の認識と見解を答えられたい。

（答弁二から五）

沖縄防衛局名護防衛事務所の賃貸借契約（以下「本件契約」という。）に係る御指摘の物件の土地所有者及び建物所有者と本件契約の相手方との間における当該物件の賃貸借契約額については承知していないが、本件契約については、前回答弁書四から七までについて及び九から十二までについてでお答えしたとおりである。

（質問六）

六　政府は、今回の賃貸借契約額百八十万円が近傍類似の施設等の評価額に比較して適正であると答弁した。

そうであるならば、近傍類似の施設別の土地及び建物のそれぞれの評価額並びに今回賃貸借契約を締結した土地及び建物のそれぞれの評価額について政府の承知するところを明らかにされたい。

（答弁六）

お尋ねの「評価額」を明らかにすることは、今後の契約に係る国の当事者としての地位を不当に害するおそれがあることから、お答えすることは差し控えたい。

（質問七）

七　政府が一般社団法人辺野古ＣＳＳとの間で今回賃貸借契約を締結するに当たって不動産鑑定士による鑑定書に基づいたとのことであるが、同鑑定書の提供については「次年度以降の契約更新に支障となるため提供できない」としている。しかし、契約交渉の際は、交渉の基礎となる客観的な基準を提示することが一般的なやり方であるはずである。よって、政府が当該契約を行うに当たって、どのような書類の提示や説明を行っているのか、その詳細を承知したいので、鑑定書の作成依頼や相手方とのやりとりなど一連の事務手続きについて政府の承知するところを明らかにされたい。

右質問する。

（答弁七）

お尋ねの「一連の事務手続き」の意味するところが必ずしも明らかでないが、沖縄防衛局において、本件契約の相手方から見積書を徴し、その額が、同局において不動産鑑定業者に委託し得られた不動産鑑定書に記載された評価額を基に算定した価格の範囲内であることを確認し、本件契約を締結したものである。

●仲里利信提出・質問主意書一覧（分野別）

辺野古新基地建設問題

1	違法で危険な海上警備に関する質問主意書 平成27年2月5日提出／2月13日受領／第189通常国会／
2	海上保安庁の回答及び辺野古海上での過剰警備に関する質問主意書 平成27年2月12日提出／2月20日受領／第189通常国会／
3	大型フロートアンカーによるサンゴ礁破壊の中止と原状回復を求めることに関する質問主意書 平成27年2月12日提出／2月20日受領／第189通常国会／
4	辺野古新基地反対の座り込み行動に対する政府の過剰・異常な監視に関する質問主意書 平成27年3月17日提出／3月27日受領／第189通常国会／
5	主権侵害及び二重基準政策に関する質問主意書 平成27年3月20日提出／3月31日受領／第189通常国会／
6	沖縄県の指示に対する沖縄防衛局の見解と農林水産省への申し立てに関する質問主意書 平成27年3月25日提出／4月3日受領／第189通常国会／
7	沖縄防衛局長が沖縄県知事の停止指示を不服として農林水産大臣に提出した執行停止申立書と審査請求書に関する質問主意書 平成27年3月26日提出／4月3日受領／第189通常国会／

8	国が行政不服審査請求を行うことの適格性等に関する質問主意書	平成27年7月13日提出／7月21日受領／第189通常国会／
9	国が公有水面埋立法や行政不服審査法において公益を理由としながら私人と同様の立場を主張していることに関する質問主意書	平成27年9月8日提出／9月18日受領／第189通常国会／
10	元首相補佐官の辺野古の海の砂地等発言に関する質問主意書	平成28年1月18日提出／1月22日受領／第190通常国会／
11	元首相補佐官の辺野古の海の砂地等発言に関する再質問主意書	平成28年2月8日提出／2月11日受領／第190通常国会／
12	久辺三区への再編関連特別地域支援事業補助金の交付に関する質問主意書	平成28年2月19日提出／3月1日受領／第190通常国会／
13	名護市辺野古岬沖において市民が不当に拘束された事案に関する質問主意書	平成28年4月4日提出／4月12日受領／第190通常国会／
14	辺野古海上警備請負業務に関する質問主意書	平成28年6月17日提出／5月27日受領／第190通常国会／
15	辺野古海上警備請負業務に関する再質問主意書	平成28年5月27日提出／6月7日受領／第190通常国会／

16	17	18	19	20	21	22
辺野古海上請負業務に関する新たな疑惑の中で一社のみの見積もりで予定価格を設定し入札を実施したことの疑惑に関する質問主意書	辺野古海上請負業務に関する新たな疑惑の中で過大な見積もりと請求により不当な利益を得たとの疑惑に関する質問主意書	辺野古海上請負業務に関する新たな疑惑の中で刑事特別法違反容疑に関する質問主意書	辺野古海上請負業務に関する新たな疑惑の中で抗議市民の氏名や顔写真をリスト化し監視していたことに関する質問主意書	辺野古海上請負業務に関する新たな疑惑の中で船員法違反が発覚したことに関する質問主意書	辺野古海上請負業務に関する新たな疑惑の中で契約書や特記仕様書等に関する質問主意書	他都道府県から沖縄県への機動隊派遣に関する質問主意書
平成28年8月1日提出／8月8日受領／第191臨時国会／	平成28年8月1日提出／8月8日受領／第191臨時国会／	平成28年8月1日提出／8月8日受領／第191臨時国会／	平成28年8月1日提出／8月8日受領／第191臨時国会／	平成28年8月1日提出／8月8日受領／第191臨時国会／	平成28年8月1日提出／8月8日受領／第191臨時国会／	平成28年8月1日提出／8月8日受領／第191臨時国会／

23	名護市辺野古新基地建設工事のあっせんを主たる業務とする団体に関する質問主意書	平成28年8月1日提出／8月8日受領／第１９１臨時国会／
24	他都府県から沖縄県への機動隊派遣に関する質問主意書	平成28年9月26日提出／10月4日受領／第１９２臨時国会／
25	他都府県から沖縄県への機動隊派遣に関する再質問主意書	平成28年11月1日提出／11月11日受領／第１９２臨時国会／
26	名護市辺野古新基地建設工事のあっせんを主たる業務とする一般社団法人と政府が締結した建物賃貸借契約に関する質問主意書	平成28年11月14日提出／11月22日受領／第１９２臨時国会／
27	名護市辺野古新基地建設工事のあっせんを主たる業務とする一般社団法人と政府が締結した建物賃貸借契約に関する再質問主意書	平成28年12月2日提出／12月13日受領／第１９２臨時国会／
28	公務執行妨害等容疑で逮捕され長期勾留が続いている事案に関する質問主意書	平成29年1月24日提出／2月3日受領／第１９３通常国会／
29	公務執行妨害等容疑で逮捕され長期勾留が続いている事案に関する再質問主意書	平成29年3月6日提出／3月14日受領／第１９３通常国会／

30	沖縄県名護市辺野古地区及び東村高江地区における工事及び警備等業務の変更契約に関する質問主意書	平成29年5月9日提出／5月19日受領／第１９３通常国会／
31	辺野古新基地建設工事の護岸造成工事やボーリング調査のあり方に関する質問主意書	平成29年6月8日提出／6月16日受領／第１９３通常国会／
32	政府と沖縄県が争う「沖縄県名護市辺野古への新基地建設問題」解決の前提となる沖縄の現状についての政府の基本認識に関する質問主意書	平成29年6月12日提出／6月20日受領／第１９３通常国会／
33	政府と沖縄県が争う「沖縄県名護市辺野古への新基地建設問題」解決の前提となる沖縄駐留米軍の抑止力と存在意義についての政府の認識に関する質問主意書	平成29年6月13日提出／6月20日受領／第１９３通常国会／
34	政政府と沖縄県が争う「沖縄県名護市辺野古への新基地建設問題」解決に向けた政府の取組姿勢の変化に関する質問主意書	平成29年6月14日提出／6月27日受領／第１９３通常国会／

高江ヘリパット建設問題

1	東村高江のヘリパッド建設阻止闘争に対して政府が設置した立て看板に関する質問主意書	平成28年8月1日提出／8月8日受領／第１９１臨時国会／

2	3	4	5	6	7	8
東村高江のヘリパッド建設工事における政府の法無視の行為に関する質問主意書 平成28年8月1日提出／8月8日受領／第191臨時国会／	米軍北部訓練場への新たなヘリパッド建設のために陸上自衛隊のヘリコプターが使用されたことに関する質問主意書 平成28年9月26日提出／10月4日受領／第192臨時国会／	東村高江周辺のヘリパッド建設工事を阻止しようとする住民や県民、取材する報道関係者に対する警備のあり方に関する質問主意書 平成28年10月3日提出／10月11日受領／第192臨時国会／	東村高江周辺のヘリパッド建設予定地近くでの大規模伐採と許可手続き等に関する質問主意書 平成28年10月3日提出／10月11日受領／第192臨時国会／	米軍北部訓練場への新たなヘリパッド建設のために陸上自衛隊のヘリコプターが使用されたことに関する再質問主意書 平成28年10月19日提出／10月28日受領／第192臨時国会／	沖縄県東村高江のヘリパッド建設工事に反対する住民・県民を警備するため派遣された大阪府機動隊員による差別発言に関する質問主意書 平成28年10月25日提出／11月4日受領／第192臨時国会／	米軍北部訓練場への新たなヘリパッド建設のために陸上自衛隊のヘリコプターが使用されたことに関する第三回質問主意書 平成28年11月1日提出／11月11日受領／第192臨時国会／

9	北部訓練場の返還が過重な基地負担の軽減に繋がるとの政府説明の欺瞞に関する質問主意書	平成28年11月9日提出／11月18日受領／第１９２臨時国会／
10	沖縄県東村高江のヘリパッド建設工事に反対する住民・県民を警備するため派遣された大阪府機動隊員による差別発言に関する再質問主意書	平成28年11月10日提出／11月18日受領／第１９２臨時国会／
11	米軍のヘリコプターに使用されている放射性物質やジャングル戦を想定した訓練で使用している枯葉剤等の環境汚染物質から沖縄県民の命の水がめと希少生物・絶滅危惧種の住処である「やんばるの森」を守ることに関する質問主意書	平成28年11月17日提出／11月25日受領／第１９２臨時国会／
12	沖縄県東村高江のヘリパッド建設工事に反対する住民・県民を警備するため派遣された大阪府機動隊員による差別発言に関する第三回質問主意書	平成28年11月24日提出／12月2日受領／第１９２臨時国会／
13	北部訓練場県道七十号線情報公開訴訟に関する質問主意書	平成29年5月10日提出／5月19日受領／第１９３通常国会／
14	他都府県から沖縄県への機動隊派遣に関する質問主意書	平成29年3月22日提出／3月31日受領／第１９３通常国会／

ＴＰＰ加盟問題

1　ＴＰＰ加盟と沖縄の農業におけるサトウキビの重要性に関する質問主意書
平成27年3月4日提出／3月13日受領／第１８９通常国会／

2　ＴＰＰ交渉の情報開示に関する質問主意書
平成27年6月30日提出／7月6日受領／第１８９通常国会／

3　ＴＰＰ批准と基幹作物サトウキビ等の存続に関する質問主意書
平成28年1月12日提出／1月22日受領／第１９０通常国会／

4　ＴＰＰ批准と基幹作物サトウキビ等の存続に関する再質問主意書
平成28年1月27日提出／2月5日受領／第１９０通常国会／

5　ＴＰＰ協定案に関税撤廃の除外規定がないことにより生じる影響等に関する質問主意書
平成28年3月11日提出／3月22日受領／第１９０通常国会／

6　ＴＰＰの今国会での承認と関連法の成立に反対しＴＰＰの交渉見直しを求めることに関する質問主意書
平成28年10月27日提出／11月4日受領／第１９２臨時国会／

沖縄政策関係

1　島尻安伊子沖縄担当大臣の訪米時の講演内容に関する質問主意書
平成28年1月22日提出／2月2日受領／第１９０通常国会／

2	沖縄担当特命全権大使の功績と評価に関する質問主意書	平成28年3月3日提出／3月11日受領／第１９０通常国会／
3	「沖縄県における犯罪抑止対策推進チーム」及び「沖縄・地域安全パトロール隊」等の目的や効果、実施状況等に関する質問主意書	平成28年8月1日提出／8月8日受領／第１９１臨時国会／
4	沖縄・地域安全パトロール隊の実績と効果、予算措置の在り方等に関する質問主意書	平成28年10月17日提出／10月25日受領／第１９２臨時国会／
5	沖縄県議会の要請に対する沖縄担当特命全権大使の発言と対応等に関する質問主意書	平成29年4月4日提出／4月14日受領／第１９３通常国会／
6	沖縄県議会の要請に対する沖縄担当特命全権大使の発言と対応等に関する再質問主意書	平成29年4月27日提出／4月28日受領／第１９３通常国会／
7	沖縄県議会の要請に対する沖縄担当特命全権大使の発言と対応等に関する第三回質問主意書	平成29年5月15日提出／5月23日受領／第１９３通常国会／

沖縄戦と教科書記述関係

1	補助教材「知る沖縄戦」の使用に関する質問主意書	平成27年5月13日提出／5月22日受領／第１８９通常国会／

2	沖縄戦についての記述の復活と教科書検定意見の撤回等に関する質問主意書	平成27年6月10日提出／6月19日受領／第１８９通常国会／
3	戦没者遺骨収集推進法の成立に伴う戦没者の遺骨収集に向けた政府の取り組みに関する質問主意書	平成28年3月29日提出／4月8日受領／第１９０通常国会／
4	戦没者遺骨収集推進法の成立に伴う戦没者の遺骨収集に向けた政府の取り組みに関する再質問主意書	平成28年5月30日提出／6月7日受領／第１９０通常国会／
5	沖縄戦での「日本軍による住民の集団強制自決」の記述の回復と教科書検定意見の撤回に関する質問主意書	平成28年12月7日提出／12月6日受領／第１９２臨時国会／
6	沖縄戦での「日本軍による住民の集団強制自決」の記述の回復と教科書検定意見の撤回に関する質問主意書	平成29年1月23日提出／1月31日受領／第１９３通常国会／
7	教育勅語を道徳教育に用いようとする動きに関する質問主意書	平成29年4月11日提出／4月21日受領／第１９３通常国会／

オスプレイ事故等関係

1	民間地上空でのオスプレイによる吊り下げ訓練に関する質問主意書 平成28年12月9日提出／12月20日受領／第192臨時国会／
2	沖縄県名護市安部の沿岸部で発生した米軍オスプレイの墜落事故の位置づけとオスプレイの構造的な欠陥に関する質問主意書 平成29年1月20日提出／2月3日受領／第193通常国会／
3	沖縄県名護市安部の沿岸部で発生した米軍オスプレイの墜落事故で明らかとなった日米両政府の対応に関する質問主意書 平成29年1月20日提出／2月3日受領／第193通常国会／
4	沖縄県名護市安部の沿岸部で発生した米軍オスプレイの墜落事故後に原因究明や説明がないままに飛行等が再開されたことに関する質問主意書 平成29年1月20日提出／2月13日受領／第193通常国会／
5	民間地上空でのオスプレイによる吊り下げ訓練に関する質問主意書 平成29年1月20日提出／1月31日受領／第193通常国会／
6	沖縄県名護市安部の沿岸部で発生した米軍オスプレイの墜落事故調査報告書等に関する質問主意書 平成29年6月14日提出／6月27日受領／第193通常国会／
7	オスプレイのオーストラリア東部沖での墜落事故と政府の対応に関する質問主意書 平成29年9月28日提出／第194臨時国会／

8	オスプレイのオーストラリア東部沖での墜落事故に関する政府発表の「オスプレイ豪沖墜落事故防衛省評価」に関する質問主意書	平成29年9月28日提出／第１９４臨時国会／
9	オスプレイのオーストラリア東部沖での墜落事故後に沖縄と北海道・佐賀での飛行を巡って政府の対応が異なったことに関する質問主意書	平成29年9月28日提出／第１９４臨時国会／
10	オスプレイのオーストラリア東部沖での墜落事故後に事故原因の究明と報告が行われない中での安全宣言と飛行の強行を行うことに関する質問主意書	平成29年9月28日提出／第１９４臨時国会／
11	オスプレイのオーストラリア東部沖での墜落事故後に事故原因の究明と報告が行われない中で政府が飛行を中止させ得る法的根拠に関する質問主意書	平成29年9月28日提出／第１９４臨時国会／
12	オスプレイのオーストラリア東部沖での墜落事故等で明らかとなったオスプレイの構造上の欠陥等と政府の対応に関する質問主意書	平成29年9月28日提出／第１９４臨時国会／

1	沖縄で実施されていた米軍実弾砲撃演習の県外移転に伴い明らかとなった二重基準や騒音の放置等の諸問題に関する質問主意書	平成28年3月1日提出／3月11日受領／第190通常国会／
2	在沖米兵による女性強姦事件に関する質問主意書	平成28年3月15日提出／3月29日受領／第190通常国会／
3	沖縄で実施されていた米軍実弾砲撃演習の県外移転に伴い明らかとなった二重基準や騒音の放置等の諸問題に関する再質問主意書	平成28年4月5日提出／4月15日受領／第190通常国会／
4	米軍キャンプ・シュワブ周辺での爆発音に対する実態調査の実施に関する質問主意書	平成28年5月24日提出／6月2日受領／第190通常国会／
5	米軍属による女性強姦・殺人・死体遺棄事件に対して沖縄県民が求める根本的な解決策に関する質問主意書	平成28年5月26日提出／6月2日受領／第190通常国会／
6	在日米軍司令部の公式フェイスブックにおける意図的で誤った情報発信を是正するための取り組みに関する質問主意書	平成28年8月1日提出／8月8日受領／第191臨時国会／
7	日米両政府が鳴り物入りで発表した米軍属の範囲見直しの欺瞞性に関する質問主意書	平成28年8月1日提出／8月8日受領／第191臨時国会／

8	米軍艦船によりマグロはえ縄漁船の漁具が切断された疑いのある事故の原因究明に関する質問主意書	平成28年8月1日提出／8月8日受領／第１９１臨時国会／
9	米国海兵隊のハリアー戦闘攻撃機墜落事故の原因究明と飛行再開に対する日米両政府の対応等に関する質問主意書	平成28年10月17日提出／10月25日受領／第１９２臨時国会／
10	ＳＡＣＯ合意及び普天間飛行場の五年以内の返還の破綻と最近の普天間飛行場の機能強化との関係に関する質問主意書	平成28年12月8日提出／12月16日受領／第１９２臨時国会／
11	地元への通知がないままに実施されたパラシュート降下訓練に関する質問主意書	平成29年1月20日提出／1月31日受領／第１９３通常国会／
12	元海兵隊員による女性強姦・殺人・死体遺棄事件とその後の公判における容疑者の陳述により明らかとなった米軍の兵士教育の歪等に関する質問主意書	平成29年3月6日提出／3月14日受領／第１９３通常国会／
13	沖縄県嘉手納米空軍基地におけるパラシュート降下訓練に関する質問主意書	平成29年5月17日提出／5月26日受領／第１９３通常国会／
14	米軍嘉手納基地の旧海軍駐機場の再使用に関する質問主意書	平成29年6月14日提出／6月27日受領／第１９３通常国会／

鉄軌道関係

1	鉄軌道計画の本格スタートに向けた政府の支援や取り組みに関する質問主意書	平成28年3月24日提出／4月1日受領／第190通常国会／
2	鉄軌道計画の本格スタートに向けた政府の支援や取り組みに関する再質問主意書	平成28年4月20日提出／4月28日受領／第190通常国会／
3	政府が進める「鉄軌道等導入に関する課題等の検討基礎調査」と沖縄県が要望する「鉄軌道の事業化」への取り組みに関する質問主意書	平成29年9月28日提出／第194臨時国会／

那覇空港整備関係

1	那覇空港滑走路増設事業の実施主体及び予算に関する質問主意書	平成29年3月6日提出／3月14日受領／第193通常国会／

経済の構築関係

1	沖縄の未来を見据えた基盤整備の実現に関する質問主意書	平成27年2月12日提出／2月20日受領／第189通常国会／
2	地方創生のための新たな予算制度の確立に関する質問主意書	平成27年3月17日提出／3月27日受領／第189通常国会／

沖縄振興予算関係

1	沖縄振興予算の名称と内容の見直しを求めることに関する質問主意書 平成27年2月12日提出／2月20日受領／第189通常国会／
2	一括交付金の交付決定等に関する質問主意書 平成28年1月4日提出／1月12日受領／第190通常国会／
3	沖縄の経済や沖縄振興予算、米軍基地等に関する公民教科書の誤記載の是正に関する質問主意書 平成28年4月14日提出／4月22日受領／第190通常国会／
4	沖縄の経済や沖縄振興予算、米軍基地等に関する公民教科書の誤記載の是正に関する再質問主意書 平成28年4月26日提出／5月13日受領／第190通常国会／
5	沖縄関係予算に対して政府が恣意的に使用する振興予算の呼称と国直轄事業等の計上を是正することに関する質問主意書 平成28年10月13日提出／10月21日受領／第192臨時国会／
6	沖縄振興特別推進交付金及び沖縄振興公共投資交付金の見直し等に関する質問主意書 平成28年10月13日提出／10月21日受領／第192臨時国会／
7	沖縄振興特別推進交付金及び沖縄振興公共投資交付金の見直し等に関する再質問主意書 平成28年11月25日提出／12月6日受領／第192臨時国会／

県政のあり方関係

1	政府と沖縄県との話し合いの内容の確認及び透明化に関する質問主意書 平成27年9月8日提出／9月18日受領／第189通常国会／
2	沖縄県が日米外務・防衛担当閣僚による安全保障協議委員会で議論するよう要望した二項目に対する政府の取組姿勢と結果に関する質問主意書 平成29年9月28日提出第194臨時国会／
3	沖縄県石垣島吉原沖の川平湾付近で座礁した外国漁船の撤去等に関する質問主意書 平成28年12月2日提出／12月23日受領／第192臨時国会／

国政のあり方関係

1	代表質問に対する答弁に関する質問主意書 平成28年1月7日提出／1月19日受領／第190通常国会／
2	予算委員会における答弁に関する質問主意書 平成28年1月13日提出／1月22日受領／第190通常国会／
3	省庁の非通知電話に関する質問主意書 平成28年2月15日提出／2月23日受領／第190通常国会／
4	衆議院選挙制度改革の一環としての重複立候補制度及び議員定数の見直しに関する質問主意書 平成28年2月25日提出／3月4日受領／第190通常国会／

5	今国会における所信表明や代表質問等での政府答弁に関する質問主意書	平成28年11月7日提出／11月15日受領／第192臨時国会／
6	今国会における施政方針演説や代表質問等での政府答弁に関する質問主意書	平成29年1月30日提出／2月7日受領／第193通常国会／
7	質問主意書に対する政府答弁書の現況と望ましいあり方に関する質問主意書	平成29年5月10日提出／5月19日受領／第193通常国会／
8	組織犯罪処罰法改正案の提出を目論む政府の真意と同法案の危うさに関する質問主意書	平成29年2月10日提出／2月21日受領／第193通常国会／

自衛隊配備関係

1	石垣島への陸上自衛隊配備計画と住民への説明に関する質問主意書	平成28年2月10日提出／2月19日受領／第190通常国会／
2	石垣島への陸上自衛隊配備計画と住民への説明に関する再質問主意書	平成28年2月22日提出／3月1日受領／第190通常国会／
3	石垣島への陸上自衛隊配備計画と住民への説明に関する第三回質問主意書	平成28年3月25日提出／4月5日受領／第190通常国会／
4	琉球弧の島々への自衛隊配備に関する質問主意書	平成29年4月18日提出／4月29日受領／第193通常国会／

5	与那国島への自衛隊配備に関する質問主意書 平成29年4月25日提出／5月12日受領／第193通常国会／

教育関係

1	財政制度等審議会財政制度分科会で示された教職員定数の合理化に関する質問主意書 平成27年7月23日提出／7月31日受領／第189通常国会／

男女共同参画・福祉問題

1	女性の社会参画と男女がその個性と能力を十分に発揮するための施策に関する質問主意書 平成28年1月26日提出／2月5日受領／第190通常国会／
2	子宮頸がん予防ワクチンの副反応被害と被害者の救済に関する質問主意書 平成28年2月2日提出／2月12日受領／第190通常国会／
3	国民健康保険の赤字の解消と前期高齢者交付金の格差の是正に関する質問主意書 平成29年2月7日提出／2月17日受領／第193通常国会／

保育問題

1	匿名ブログで明らかになった保育園への入園及び保育士確保の困難さを解消するための支援のあり方に関する質問主意書	平成28年4月12日提出／4月22日受領／第１９０通常国会／

労働問題

1	ハローワークの求人票の労働条件が実際と違うことにより離職の増大に繋がることに関する質問主意書	平成29年2月8日提出／2月16日受領／第１９０通常国会／
2	ハローワークの求人票の労働条件が実際と違うことにより離職の増大に繋がることに関する再質問主意書	平成29年3月7日提出／3月15日受領／第１９０通常国会／
3	ハローワークの求人票の労働条件が実際と違うことにより離職の増大に繋がることに関する第三回質問主意書	平成29年3月18日提出／3月29日受領／第１９０通常国会／
4	ハローワークの求人票における労働条件と実際の労働条件との食い違いの改善に関する質問主意書	平成29年3月31日提出／4月8日受領／第１９０通常国会／

あとがき

私の衆議院議員の生活は平成二十六年十二月十四日から始まり、平成二十七年十月二十五日までの二年十カ月であった。

人によっては、一期で、しかも二年半程度に過ぎないという方もいるだろう。

しかし、日本人男性の平均寿命が八〇・九八歳であることを考えると、私の就任時が七十八歳、退職時が八十歳であったことからすれば、この期間が短いということは決して言えないことではないだろうか。

しかもいささか手前味噌に聞こえるかもしれないが、一年生議員であったこの二年十カ月の間、私は決して飲んべんだらりと過ごしたつもりはない。

その証拠が、私の行った質問主意書の件数である。

この間に私が提出した質問主意書の件数は一三二件に及び、質問と答弁書をまとめたページ数は約五〇〇ページに及ぶものとなっている。これを国会開催期間中という限られた日数で割ると、およそ一週間に二件の割合で質問主意書を提出したことになる。

また、国会活動の合間を縫って、北は北海道から南は沖縄県までの一都一道二府二十三県において、五十八回、一万四、七〇五名の参加者に約七十五時間余に及ぶ講演を行い、沖縄県民の思いを訴える全国行脚の取り組みを続けてきた（詳細は巻末の「衆議院議員仲里利信　全国行脚の講演会開催状況資料」を参照されたい）。

全国行脚の講演活動は老骨にむち打った活動であったが、このような活動を続けることが出来たのは、ひとえに沖縄への熱い思いがあったからに他ならない。

とりわけ、そのような熱い思いを抱き続けていくことが出来たのは、ひとえに私を国会に送り込んでくれた県民の期待と思いがあったからこそであると考えている。

今後、私は一市民となったわけであるが、沖縄に対する政府や一部の人達からの差別や不条理な言動に対しては、これまでと同様に毅然として立ち向かっていくつもりである。

また、私が実行委員長を務めた「教科書検定意見の撤回を求める県民大会」の趣旨や内容が未だに達成できないことから、現在も「9・29県民大会実行委員会」が引き続き活動を展開しているところであるが、今後は私も同会の取り組みに積極的に関わっていく考えである。

最後に、敷衍するようではあるが、私が提出した質問主意書をつぶさにご覧いただければ、質問に対する政府答弁には共通した部分があることがお分かりになるものと考える。

それには概ね四つのパターンがあると考えている。その第一点は、質問に全く答えようとしていないということである。

第二点に、質問をはぐらかす際の定型的な表現（決まり文句）として「質問の趣旨は明らかではないが」との前置きを述べた後に、政府の見解を一方的に述べることである。

第三点に、私の指摘や疑問、釈明要求に対して、根拠を示さないままに問答無用と言わんばかりに「ご指摘は当たらない」とか「全く問題はない」とかの言葉でもって答弁を一方的に切り捨てていることである。

第四点に、極めつけとなるが、答弁を都合よく行うために一括し、個別の答弁を避けていることである。

これらのやり取りは正に「木で鼻を括った」ような、傲慢で奢った態度であると言わざるを得ないもので、それが如実に表れていることがご理解いただけるものと考える。

また、このやり取りを見ていただければ、最早安倍政権や官僚、政府は議論を行うことの必要性や、国会でのやり取りのあり方などに配慮する考えがないことがご理解いただけるものと考える。

これが私の憂慮していることである。このようなやり方を続けていくならば、我が国の議会制民主主義そのものが崩壊していくのではないかと強い危機感を抱いている所以である。

なお、今年は一八七二年の琉球処分から一四六年目、沖縄県民が強く求め、こぞって取り組んだ一九七二年の沖縄の祖国復帰から四十七年目に当たる。しかし、私は、世界一危険極まりない普天間基地の即時閉鎖と県外撤去問題や辺野古新基地建設問題、過重な基地負担問題等を考えるときに、政府は県民の思いとは真逆に、沖縄を日本の一部として扱うのではなく、あたかも植民地であるかのごとく扱ってきたとしか考えられないのである。そして政府のこのような考えや姿勢は、平成二十八年一月二十九日に福岡高裁那覇支部が代執行訴訟和解勧告文として提示した和解案の中に「新飛行場の供用開始後三十年以内に返還又は軍民共用空港とする」との考えにあるように、行政・司法・立法の三権が一体となって端的に示されたのではないかと考えている。つまり、政府がもはやなりふり構わず沖縄県民の民意と地方自治、民主主義を押しつぶそうとしているのは、沖縄を植民地と位置付けている証左に他ならないのではないだろうか。

このような私の考えが杞憂に終わることが最も望ましいところであるが、何はともあれ、県民の皆様におかれては、ぜひ本書を一読され、政府の考えや姿勢を点検・確認する際の参考にしていただければ幸いである。

●衆議院議員仲里利信　全国行脚の講演会

	講演会　タイトル	開催年月日／開催地 主催団体
1	沖縄の基地問題に関する特別講義	2014年8月13日／沖縄県／宜野湾市 沖縄国際大学
2	沖縄の基地問題に関する特別講義	2014年8月25日／沖縄県／宜野湾市 沖縄国際大学
3	私の沖縄戦体験と新たな島ぐるみ闘争へ	2014年9月3日／大阪府／大阪市 大阪岩波裁判を支援する会
4	私の沖縄戦体験と新たな島ぐるみ闘争へ	2014年9月7日／神奈川県／横浜市 自主・平和・民主のための広範な国民連合
5	私の沖縄戦体験と新たな島ぐるみ闘争へ	2014年9月8日／東京都／港区 自主・平和・民主のための広範な国民連合
6	私の沖縄戦体験と新たな島ぐるみ闘争へ	2014年9月9日／大阪府／大阪市 自主・平和・民主のための広範な国民連合
7	私の沖縄戦体験と新たな島ぐるみ闘争へ	2014年9月10日／埼玉県／さいたま市 自主・平和・民主のための広範な国民連合
8	私の沖縄戦体験と新たな島ぐるみ闘争へ	2014年9月13日／高知県／高知市 高知革新懇

9	私の沖縄戦体験と新たな島ぐるみ闘争へ	２０１４年9月21日／佐賀県／佐賀市	佐賀革新懇
10	戦後70年～いのち輝く未来へ～	２０１５年1月25日／東京都／江東区	合唱団「この灯」演奏会
11	戦後70年、もう一度沖縄戦を考える	２０１５年2月5日／東京都／文京区	沖縄戦首都圏の会
12	保守も革新もない統一	２０１５年2月28日／福岡県／博多市区	福岡県革新懇
13	オール沖縄、翁長知事と連帯し、安倍政権の暴挙を糾弾する大田の集い	２０１５年3月4日／東京都／大田区	大田区革新懇
14	21世紀社会運動の可能性と展望	２０１５年4月23日／東京都／豊島区	ワーカーズコープ
15	沖縄と連帯する滋賀の集い	２０１５年5月23日／滋賀県／大津市	革新の会しが
16	「辺野古に新基地を絶対に造らせない」安倍暴走にオール沖縄で対決	２０１５年5月28日／東京都／中野区	中野区革新懇
17	看護師をはじめとする医療労働者への講演	２０１５年5月30日／沖縄県／那覇市	日本医療労働組合会
18	戦後70周年記念フォーラム「沖縄から平和を考える」	２０１５年6月19日／沖縄県／那覇市	金秀グループ・琉球新報

19	戦後70周年沖縄から平和を問う	2015年6月27日／沖縄県／南風原町 ピースウオーキング
20	〝人間・仲里利信〟の生きざま	2015年6月30日／東京都／千代田区 東京革新懇・人間講座運営委員会
21	正しい歴史認識を考える学習集会―戦後70年―安倍談話に注文する	2015年7月4日／千葉県／千葉市 革新と正義のための千葉県の会
22	オール沖縄の魂を伝える	2015年7月9日／東京都／練馬区 沖縄戦を考える練馬の集い2015実行員会
23	オール沖縄は崩れない	2015年7月25日／愛知県／名古屋市 辺野古新基地建設阻止へ愛知革新懇
24	「沖縄のたたかいと連帯する東京都南部の会」結成集会講演	2015年7月28日／東京都／港区 沖縄のたたかいと連帯する東京南部の会
25	ストップ戦争法案！許すな辺野古新基地建設沖縄連帯集会	2015年9月12日／香川県／高松市 香川革新懇
26	連帯の挨拶と報告	2015年10月31日／千葉県／習志野市 全国革新懇全国交流会
27	「戦争につながる一切を許さない」沖縄に学ぶ第二弾講演会	2015年11月1日／長野県／松本市 希望・長野
28	沖縄の基地問題に関する特別講義	2015年11月16日／沖縄県／宜野湾市 沖縄国際大学

29	沖縄の基地問題に関する特別講義	２０１５年11月30日／沖縄県／宜野湾市 沖縄国際大学
30	オール沖縄が問いかけるもの	２０１５年12月5日／北海道／札幌市 「オール沖縄が問いかけるもの」実行委員会
31	「沖縄県民のたたかいと願いを国民共通のものに」長野県民のつどい	２０１６年12月26日／長野県／長野市 長野県革新懇
32	安倍暴走にオール沖縄で対決２０１６年を飛躍の年に	２０１６年２月11日／埼玉県／さいたま市 埼玉革新懇
33	「建白書」実現！沖縄と連帯しよう	２０１６年２月11日／広島県／広島市 ヒロシマ革新懇
34	辺野古への新基地建設を許さない	２０１６年２月14日／奈良県／奈良市 奈良革新懇
35	オール沖縄の闘いの報告	２０１６年２月20日／神奈川県／横浜市 自主・平和・民主のための広範な国民連合
36	オール沖縄の共同を学ぼう！そして沖縄の苦しみ、たたかいと連帯を！	２０１６年２月28日／福岡県／博多市 福岡革新懇
37	今沖縄で何が起こっているのか～沖縄の過去・現在・未来	２０１６年３月６日／岐阜県／大垣市 日本共産党後援会西濃連絡会
38	オール沖縄に学び、励ます「沖縄連帯のつどい」	２０１６年４月16日／山梨県／甲府市 山梨革新懇

No.	演題	日時・場所・主催
39	春の活動交流会「オール沖縄を語る」	2016年4月23日／神奈川県／東神奈川市 神奈川革新懇
40	オール沖縄分岐点に	2016年5月10日／東京都／北区 東京・北区革新懇
41	地方自治と民主主義「全米軍基地撤去」へ踏み込む沖縄県民の目指すもの	2016年8月20日／福岡県／博多市 第13回全国地方議員交流会実行委員会
42	社会教科書の沖縄振興と基地の記述におけるまやかしについて	2016年9月29日／沖縄県／那覇市 9・29県民大会を実現させる会
43	今沖縄で何が起こっているのか~沖縄の過去・現在・未来	2016年10月7日／福島県／福島市 「生業を返せ、地域を返せ」福島原発訴訟団
44	今沖縄で何が起こっているのか~沖縄の過去・現在・未来	2016年10月25日／東京都／大田区 平和・民主・革新の日本をめざす大田の会
45	屈しない「オール沖縄」の民意	2016年11月17日／神奈川県／横浜市 島ぐるみ会議と神奈川を結ぶ会
46	今沖縄が問いかけるもの	2017年11月26日／兵庫県／神戸市 平和・民主・革新の日本をめざす兵庫の会
47	仲里利信全国行脚報告会	2016年11月27日／沖縄県／南風原町 仲里利信後援会
48	沖縄の心	2017年2月19日／東京都／日野市 平和・民主・革新をめざす日の懇話会

49	沖縄は訴える	2017年4月28日／石川県／金沢市	石川県平和委員会
50	沖縄連帯の集い	2017年4月29日／東京都／千代田区	全国革新懇
51	オール沖縄への歴史を語る	2017年5月14日／鳥取県／北栄町	沖縄と連帯する鳥取の会
52	秋田・沖縄連帯のつどい	2017年6月3日／秋田県／秋田市	平和・民主・革新の日本をめざす秋田県の会
53	秋田・沖縄連帯のつどい	2017年6月3日／秋田県／大館市	平和・民主・革新の日本をめざす秋田県の会
54	基地のない平和な沖縄・日本・東アジアを6・24京都集会	2017年6月24日／京都府／京都市	京都沖縄連帯集会実行委員会
55	核と基地のない日本、沖縄との連帯を	2017年8月8日／長崎県／長崎市	原水爆禁止世界大会実行委員会
56	沖縄のたたかいと政治を変える共同	2017年9月9日／静岡県／静岡市	静岡県革新懇
57	教科書検定意見の撤回と記述の回復を求める県民大会について	2017年9月12日／東京都／千代田区	9・29県民大会を実現させる会
58	教科書検定意見の撤回と記述の回復を求める県民大会について	2017年9月13日／東京都／千代田区	9・29県民大会を実現させる会

仲里利信年譜

一九三七年（昭和一二年）	三月一六日	島尻郡南風原村（現南風原町）字兼城にて父利吉、母ヨシの二男として生まれる
一九四一年（昭和一六年）	四月一日	尋常小学校が国民学校に改められる
	四月	父仲里利吉は近衛兵除隊後、国民学校の教師となる（後に青年学級に改組）
一九四三年（昭和一八年）	四月	南風原国民学校に入学する
一九四四年（昭和一九年）	七月九日	マリアナ諸島サイパン島での戦闘が終結する
	一〇月一〇日	沖縄各地へ10・10空襲（沖縄戦の前哨戦）が行われる
一九四五年（昭和二〇年）	二月二七日	父仲里利吉の助言に基づき沖縄本島北部地域に疎開する
	四月	日本兵によりガマ（壕）を追い出され山中をさ迷い歩く
	四月	米軍により米軍の捕虜収容所となっていた金武の古民家に収容され、収容所生活が始まる
	四月	山中で生き別れとなっていた家族との合流を果たすが、おぶっていた弟を栄養失調で亡くす
	六月	マラリアに罹り、九死に一生を得る
	八月	父仲里利吉は沖縄戦終戦間際に具志頭村（現八重瀬町）字与座において戦死する（人伝に聞く）
	九月七日	沖縄戦が最終的に終結する
一九四六年（昭和二一年）	四月	米軍の命令により軍政下の各地を転々とした後に、ようやく出身地南風原に戻る

一九四七年（昭和二二年）	四月	米軍支給の２×４工法の木材により木造の住宅を再建する
一九四九年（昭和二四年）	三月	南風原小学校を卒業する
	四月	南風原中学校に入学する
一九五二年（昭和二七年）	三月	琉球政府立南風原中学校を卒業する
	四月	琉球政府立知念高等学校普通課程に入学する
一九五五年（昭和三〇年）	三月	琉球政府立知念高等学校普通課程を卒業する
一九五六年（昭和三一年）	四月	琉球大学文理学部化学科に入学する
一九六〇年（昭和三五年）	三月	琉球大学文理学部化学科を卒業する
	四月	沖縄月星ゴム株式会社に入社する
一九六一年（昭和三六年）	一月	南風原青年団協議会会長に就任する
	一〇月	南風原青年団協議会会長を辞任する
一九六二年（昭和三七年）	一〇月	沖縄月星ゴム株式会社製造部製造課長に昇任する
一九六三年（昭和三八年）	四月	琉球大学文理学部化学科非常勤講師に就任する
	七月一八日	沖縄月星ゴム株式会社総務課に勤務していた仲西美代子と結婚する
一九六五年（昭和四〇年）	三月	琉球大学文理学部化学科非常勤講師を辞任する
一九六六年（昭和四一年）	一〇月	沖縄月星ゴム株式会社は沖縄工場を閉鎖し沖縄から撤退する
一九六九年（昭和四四年）	一月	那覇ゴム工業（株）を設立して代表取締役に就任する
	一月	財団法人工業連合会理事に就任する
	一月	本土から沖縄への輸入品の不公平な課税の是正を求めて立法院や琉球政府に要請する
	一〇月	沖縄から本土への輸出品の不公平な課税の是正を求めて財務省や通産省に要請する

一九七二年（昭和四七年）	五月一五日	沖縄の施政権がアメリカ合衆国から日本国に返還される
	六月	那覇ゴム工業（株）解散に伴い代表取締役を辞任する
一九七三年（昭和四八年）	三月	財団法人工業連合会理事を辞任する
一九七五年（昭和五〇年）	四月	華僑及びフィリピン企業家と共同で企業を設立してフィリピンのミンダナオ島に島ぞうり工場を設立する
一九七八年（昭和五三年）	一〇月	フィリピンの共同企業から脱退して沖縄に戻る
一九八一年（昭和五六年）	四月	推されて南風原村（当時）村長選に出馬するが落選する
一九八五年（昭和六〇年）	四月	南風原村（当時）村長選に再出馬するが落選する
一九八六年（昭和六一年）	一月	大城真順後援会事務局長に就任する
一九八七年（昭和六二年）	一〇月一七日	南風原町兼城の伝統的郷土芸能「組踊『国吉のひゃ』」を復活させる
一九九二年（平成四年）	五月	大城真順後援会事務局長を辞任する
	六月二五日	沖縄県議会議員に初当選する
一九九六年（平成八年）	十二月二日	「沖縄に関する特別行動委員会」ＳＡＣＯの最終報告で普天間飛行場の全面返還が合意される
一九九七年（平成九年）	六月二四日	沖縄県議会議員任期満了
	六月二五日	沖縄県議会議員（二期目）に当選する
二〇〇一年（平成一三年）	六月二四日	沖縄県議会議員任期満了
	六月二五日	沖縄県議会議員（三期目）に当選する
二〇〇五年（平成一七年）	六月二四日	沖縄県議会議員任期満了
	六月二五日	沖縄県議会議員（四期目）に当選する
	八月五日	大江健三郎・岩波書店沖縄戦裁判が提訴される
二〇〇六年（平成一八年）	六月二一日	沖縄県議会議長に選出される

二〇〇七年（平成一九年）	四月	子ども会等六団体が沖縄県議会に「沖縄戦の教科書の記述の回復等を求める陳情」を提出する
	六月一六日	「教科書検定意見の撤回と記述の回復を求める県民大会」の実行委員長に選任され、大会の開催と要望の実現に奔走する
	六月一六日	「教科書検定意見の撤回と記述の回復を求める県民大会」への賛助団体・会員（六七〇団体ら）と市町村での実行委員会を結成する
	六月一六日	「教科書検定意見の撤回と記述の回復を求める県民大会」の実行委員会（二二団体）が結成される
	七月四日	県議会、市長会、市議長会、町村会及び町村議長会の代表者が政府に要請する
	七月一一日	県議会の代表が政府に再要請する
	九月二九日	「教科書検定意見の撤回と記述の回復を求める県民大会」が開催される
	一〇月三日	県民大会の決議に基づき県民の代表者が政府に要請する
二〇〇八年（平成二〇年）	一〇月二三日	全国都道府県議会議長会永年勤続功労者表彰（議員一五年以上）を受賞する
	一一月二七日	沖縄県議会議員永年勤続者表彰（議員一五年以上）を受賞する
二〇〇九年（平成二一年）	一月一五日	県民大会の決議に基づき県民代表者一六七人と東京参加の支援者約百名余が政府に再要請する
	一月	県選出の国会議員や自民党系県議会議員、市町村長から県民大会の解散等を迫られる

	一月	「新しい歴史教科書を作る会」の代表者が県庁記者クラブで県民大会の実行委員長や取り組みなどを批判する
	五月一三日	米軍再編協議（DPRI）の最終報告「再編実施のための日米のロードマップ」が国会承認され、辺野古沖にV字型に二本の滑走路が建設されることが決定される
	六月二五日	沖縄県議会議員任期満了
	六月二五日	沖縄県議会議長任期満了（政界から引退）
二〇一〇年（平成二二年）	一一月三日	平成二一年秋の叙勲受章（旭日双光章）を受賞する
二〇一一年（平成二三年）	四月二一日	大江健三郎・岩波書店沖縄戦裁判が上告審で確定される
	一月	請われて西銘恒三郎後援会長に就任する
二〇一三年（平成二五年）	一月二八日	県内の全市町村長と議会議長、経済界と労働組合の代表が連名で「建白書」に署名捺印して政府に要請する
	五月	西銘恒三郎後援会長を二年半務めるも辺野古新基地建設の公約破りに怒り辞任する
	一一月二五日	石破自民党幹事長（当時）が県選出自民党国会議員5人を恫喝して辺野古新基地建設を容認させる
	十二月二七日	仲井眞弘多沖縄県知事（当時）が公約を破り辺野古新基地建設を容認する
二〇一四年（平成二六年）	一月～一一月	名護市や沖縄市、豊見城市、那覇市、沖縄県の首長選を辺野古新基地建設反対の立場で勝手に応援する
	十二月一四日	推されて「オール沖縄」の沖縄第4区候補者として出馬し衆議院議員に初当選する
	十二月一四日	仲井眞弘多沖縄県知事（当時）が次年度の予算で「有史以来」

	等の発言で顰蹙を買う
二〇一七年（平成二九年）九月二八日	衆議院議員任期満了（政界から引退）
二〇一八年（平成三〇年）十一月三日	沖縄県功労賞受賞

装丁　新城さゆり

著者略歴

仲里利信（なかざと　としのぶ）

1937年南風原町に生まれる。1960年琉球大学文理学部化学科卒業。同年、沖縄月星ゴム入社。69年月星ゴムの沖縄撤退で、那覇ゴム工業（株）設立。72年那覇ゴム工業解散に伴い、海外に活路を求めてフィリピンで「島ぞうり」工場を設立し事業を行うも政情不安で撤退。86年大城真順講演会事務局長に就任。92年に辞任し、沖縄県議会議員に初当選。以後４期議員を務め2006年から09年は県議会議長。07年に起きた「教科書検定意見撤回」の県民大会では実行委員長を務める。09年に一旦政界から引退するも、14年、推されて「オール沖縄」代表として衆議院議員選挙に出馬し当選、17年の任期満了までの間沖縄問題に積極的に取り組む。沖縄県民の思いを全国津々浦々に伝える。

沖縄から伝えたいこと
戦争体験や教科書問題、国会議員の日々を顧みて

二〇一九年二月一五日　初版第一刷発行

著　者　仲里利信
発行者　玻名城泰山
発行所　琉球新報社
〒九〇〇－〇〇一二
沖縄県那覇市泉崎一－一〇－三
電　話（〇九八）八六五－五一〇〇
FAX（〇九八）八六八－六〇六五
問合せ　琉球新報社読者事業局出版部
発　売　琉球プロジェクト
電話（〇九八）八六八－一一四一
印刷所　新星出版株式会社

ISBN978-4-89742-246-6　C0031
定価はカバーに表示してあります。